中華古籍保護計劃

ZHONG HUA GU JI BAO HU JI HUA CHENG GUO

·成果·

(宋)蘇軾 撰

明成化本東坡七集

第一册

國家圖書館出版社

圖書在版編目(CIP)數據

明成化本東坡七集:全三十册 / (宋)蘇軾撰. —北京:國家圖書館出版社,2019.8

(國學基本典籍叢刊)

ISBN 978 - 7 - 5013 - 6225 - 7

Ⅰ.①明… Ⅱ.①蘇… Ⅲ.①中國文學—古典文學—作品綜合集—北宋 Ⅳ.①I214.412

中國版本圖書館 CIP 數據核字(2017)第 218556 號

書　　名　明成化本東坡七集(全三十册)
著　　者　(宋)蘇軾　撰
責任編輯　于春媚
封面設計　徐新狀

出版發行　國家圖書館出版社(北京市西城區文津街 7 號　100034)
(原書目文獻出版社　北京圖書館出版社)
010 - 66114536　63802249(郵購)
網　　址　www.nlcpress.com
印　　裝　北京市通州興龍印刷廠
版次印次　2019 年 8 月第 1 版　2019 年 8 月第 1 次印刷

開　　本　880 × 1230(毫米)　1/32
印　　張　188.625
書　　號　ISBN 978 - 7 - 5013 - 6225 - 7
定　　價　550.00 圓

《國學基本典籍叢刊》編委會

《國學基本典籍叢刊》前言

國家圖書館出版社（原書目文獻出版社 北京圖書館出版社）成立三十多年來，出版了大量的中國傳統文化典籍。由於這些典籍的出版往往采用叢書的方式或綫裝形式，供公共圖書館和大學圖書館典藏使用，普通讀者因價格較高、部頭較大，不易購買使用。爲弘揚優秀傳統文化，滿足廣大普通讀者的需求，現將經、史、子、集各部的常用典籍，選擇善本，分輯陸續出版單行本。每書之前均加簡要説明，必要者加編目録和索引，總名《國學基本典籍叢刊》。歡迎讀者提出寶貴意見和建議，以使這項工作逐步完善。

編委會

二〇一六年四月

序言

蘇軾（一〇三六—一一〇一），字子瞻，眉州眉山（今四川眉山）人。宋仁宗嘉祐二年（一〇五七）進士，後對制策入三等。神宗熙寧變法中，因與王安石新黨政見不合，外任杭州、密州等地。元豐二年（一〇七九）因『烏臺詩案』入獄，結案特貶黄州。他隨遇而安，築居雪堂，自號『東坡居士』。元祐更化，被召還朝，歷任中書舍人、翰林學士知制誥、禮部尚書等，其間曾因黨争又一度外任杭州。紹聖初，哲宗親政，恢復變法，是新黨起復，蘇軾坐元祐黨籍，歷謫惠州、儋州。建中靖國元年（一一〇一），以徽宗即位遇赦北還，卒於常州歸途。神宗、哲宗兩朝政治風雲造就了蘇軾的坎壈人生，同時也成就了蘇軾『渾涵光芒，雄視百代』（《宋史》本傳）的藝術。蘇軾文章與歐陽修并稱『歐蘇』，詩歌與黄庭堅并稱『蘇黄』，詞與辛棄疾并稱『蘇辛』，書法入宋『四大家』之列，繪畫與文同齊名。蘇軾與父親蘇洵、弟弟蘇轍一門『三蘇』并列『唐宋古文八大家』。黄庭堅、秦觀、晁補之、張耒、陳師道、李廌等文壇俊才皆出蘇門。可以説，蘇軾是宋代最偉大的文人。蘇東坡已經成爲宋代文化的一個符號，成爲中國文人的一種象徵，對後世産生了巨大而深遠的影響。

蘇軾去世後，蘇轍撰《亡兄子瞻端明墓誌銘》（《欒城集》卷二十二）列舉其生平著述説：『有《東坡集》四十卷、《後集》二十卷、《奏議》十五卷、《内制》十卷、《外制》三卷。公詩本似李、杜，晚喜陶淵明，追和之者幾遍，凡四卷。』《宋史》本傳承襲蘇轍《墓誌銘》之説，僅將『喜陶淵明，追和之』云云徑寫作『《和陶詩》四卷』。另外，《宋史·藝文志》載『東坡前、後集七十卷』，不確，當以《墓誌銘》及《宋史》本傳所載『《東坡集》四十卷、《後集》二十卷』共六十卷爲準。上述六集九十二卷，就是蘇集定本的最早情況。六集中，《東坡集》四十卷又稱《前集》，爲蘇軾手定，南宋胡仔《苕溪漁隱叢話後集》卷二十八説：『世傳《前集》乃東坡手自編者，隨其出處，古律詩相間，謬誤絶少……《後集》乃後人所編。』《後集》二十卷可能源於劉沔編纂之本，蘇軾曾寓目并表示滿意（蘇軾《答劉沔都漕書》稱其『掇拾編綴，略無遺者……無一篇僞者，又少謬訛』），後來也許又有補充編纂（孫覿《與蘇守季文》稱『《東坡後集》或云即劉元忠所集二十卷，則容有未盡也』，錢求赤《書東坡後集》則認爲《後集》經蘇軾之子蘇過之手編成）。《奏議》《外制》《内制》三集二十八卷，是蘇軾任職期間的公文寫作（《外制》《内制》與中書舍人、翰林學士知制誥的經歷有關），按照宋人文集編撰的習慣，很可能在蘇軾生前就由他親自編定。《和陶詩》四卷，蘇軾自己説出於手定：『吾前後和其詩凡百數十篇……集而并録之，以遺後之君子。』（見蘇轍《子瞻和陶淵明詩集引》引蘇軾語。）由此可見，六集皆出於蘇軾生前手定或寓目認可，是東坡著述中流傳有緒、最爲可靠的文本。

『六集』本系統定型之後，纔出現了書賈編刊的所謂『類編』『大全集』坊本系統，其品質遠低於『六集』本。需要指出，在『六集』『類編大全集』兩大系統之外，還存在一批蘇軾著述文獻，它們大約可以分爲兩類：第一類如《南行集》《岐梁集》《錢塘集》《超然集》《黄樓集》《眉山集》《武功集》《雪堂集》《黄岡小集》《仇池集》《毗陵集》《蘭臺集》《玉局集》《海上老人集》等（見明代《重編東坡外集》卷首序），從題名看屬於一官一集、一地一集、一事一集的出於作者自定的『即時性』編撰方式，可能是『六集』本的更早文獻源頭，今皆不存。第二類包括《應詔集》十卷（見晁公武《郡齋讀書志》衢本卷十九）、《東坡先生别集》三十二卷、《續别集》八卷（見《讀書附志》卷下）、《東坡遺編》（見明代《重編東坡外集》卷首序）、《東坡外集》（今存明代《重編東坡外集》）等，從題名及現存内容看大約出於『六集』本形成之後，屬於『六集』之外的蘇軾作品輯佚補編。第二類文獻逐漸進入『東坡六集』本系統，構成了宋、明兩代『東坡七集』本。

宋代從『六集』走向『七集』的詳盡過程，已經難以厘清。從今存宋慶元蜀刻大小字本殘帙（劉尚榮《蘇軾著作版本論叢》認爲大字本、小字本即洪邁《容齋五筆》所載『眉山功德寺所刻大、小二本』，二本字體有别而内容全同）的篇目編次特點，可以看出大致端倪：大字本，今存臺北『中央圖書館』藏《東坡集》卷十七，天津圖書館藏《奏議》卷二。小字本，今存國家圖書館藏《應詔集》十卷。很明顯，大字本之《東坡集》《奏議》爲『六集』原目，小字本之《應詔集》原非『六集』之目。二本内容既然全同，則《應詔集》當與『六集』原目合而計之，其數恰爲『七集』。宋慶元蜀刻大小字本殘帙可能是現存『東坡七集』系統的最早版本。其他宋刻殘帙，據劉尚榮《蘇軾著作版本論叢》、祝尚書《宋人别集叙録》著録今存四種，分别是黄州北宋末刻南宋遞修本（上海圖書館藏殘本六卷及零葉若干，國家圖書館藏殘葉若干彙訂爲一册，臺北『中央圖書館』藏《和陶詩》四卷、《奏議集》十五卷）、孝宗朝刊大字本（國家圖書館藏殘本三十卷，日本宫内廳書陵部藏殘本四十五卷）、孝宗朝刊每行二十字本（日本内閣文庫藏殘本二十三卷）、孝宗朝刊小字本（國家圖書館藏殘本十九卷）。這四種殘帙因其存留篇目皆屬於『六集』原目範圍，無法判斷是否屬於『七集』系統。

元代，『東坡六集』『七集』未見刻本著録。

明代『東坡七集』，以明成化四年（一四六八）程宗吉州刻本爲最古。程刻『東坡七集』本保持了宋代『七集』系統基本框架（『仍依舊本卷帙』），又有兩點變化：第一，多出《續集》十二卷。第二，將《和陶詩》合爲一卷，并納入《續集》。據李紹爲程刻『七集』所作《重刊蘇文忠公全集序》所説『舊本無而新本有者，則爲《續集》并刻之』，可知《續集》出自程刻首創，故丁丙指出『《續集》晁、陳兩家皆不著録，實始於此刻』（《善本書室藏書志》卷二十七）。從這兩點變化可以復原宋刻『七集』到程刻『七集』的承襲演變軌迹如下：

宋刻『東坡七集』：『東坡六集』原目（《東坡集》《後集》《奏議》《内制》《外制》《和

陶詩》）+《應詔集》十卷

程刻『東坡七集』：『六集』之五（《東坡集》《後集》《奏議》《内制》《外制》）+《應詔集》十卷+《續集》十二卷（含《和陶詩》）

可以想見，程宗爲了將宋代『東坡六集』之後陸續出現的輯佚補編東坡作品儘量多地納入自己的新刻『七集』，故打破了宋刻『東坡七集』僅增入《應詔集》十卷的體例，進一步增入自已新編的、包含了大量佚詩逸文的《續集》十二卷。這樣一來，宋代『七集』將變爲明刻『八集』，這一名稱前所未有，不如『七集』之名廣爲人熟知，易於接受。於是，程宗的處理辦法是將宋刻『七集』之一《和陶詩》的獨立性取消，内容整體納入《續集》，成爲次一層級的文本單元。經此調整，程刻遂得以保留『七集』之數，仍以『東坡七集』之名行世。傅增湘曾表示不理解程刻『七集』對《和陶詩》的單獨處理，説『《續集》爲程氏所編，采各集所無之詩文而并《和陶詩》於其中，此其异耳』（《藏園群書題記》三集卷六），或未體察程氏苦心。

可以説，蘇軾著述中來源最早、最能體現作者編撰意圖，流傳有緒的可靠文本，首推『東坡七集』系統。『東坡七集』的宋刻僅存殘帙若干，元刻未見著録存世。『東坡七集』存世完帙之最古者，首推明代程宗刻成化本。程刻雖對宋刻『七集』有所改動，但僅爲個别框架調整，綫索清晰，易於尋繹，且《續集》增補東坡佚文雖或未免疏漏，然亦不無踵增擘補之功。要之，程刻成化本『東坡七集』可稱東坡詩文存世之最佳讀本。成化本『東坡七集』存世尚有十餘部（見祝尚書《宋人別集叙録·東坡集》）。嘉靖十三年（一五三四），江西布政司曾校勘重刊成化本，删削重複，訂正文字，傳增湘認爲嘉靖刻本態度精謹，足爲後式（《藏園群書題記》三集卷六）。嘉靖本今存世二十餘部（見祝尚書《宋人別集叙録·東坡集》）。清光緒三十四年（一九〇八）至宣統元年（一九〇九）間，時任兩江總督的端方在南京以丁丙『善本書室』藏成化本爲底本，由官方出資，委托繆荃孫校訂重刊『東坡七集』。繆荃孫在刊刻中發現成化本『訛字記不勝記』（繆荃孫《跋》），彙集了嘉靖本與錢求赤據宋刻而成之校本，對成化本的文字訛誤與原版模糊之處加以訂正，并附《校記》以資説明。由此可見，端方寶華盦重刊明成化本可謂後出轉精，更便閲讀。此本字大行疏，墨色如漆，尤堪捧玩。自問世之日，即爲藏家所重，是清季之佳槧，時至今日，愈不易得。民國時期，中華書局編『四部備要』收録坡集，即以此本排印，然經梓民之手，終隔一間。今入選『國學基本典籍叢刊』，以簡裝灰度影印的方式出版，原迹宛然如在，甚便讀者。世之嗜蘇者既以坡文爲精金美玉，今捧櫝獲珠，必有以識匣之美也，故略述其源流，以爲鼓吹云爾。

曾祥波

二〇一九年四月

總目録

第一册

第二册

第三册

第四册

第五册

第六册

第七册

第八册

第九册

第一〇册

第一五册

第一六册

第一七册

第一八册

第一九册

東坡奏議十五卷（卷第一—二）

第二〇册

東坡奏議十五卷（卷第三—五）

第二一册

東坡奏議十五卷（卷第六—八）

第二二册

東坡奏議十五卷（卷第九—十一）

第二三册

第二四册

第二五册

第二六册

第二七册

第二八册

東坡續集十二卷（卷第八—九）

第二九册

東坡續集十二卷（卷第十—十一）

第三〇册

東坡續集十二卷（卷第十二）

第一册目録

東坡集四十卷

據首都圖書館藏清光緒三十四年（一九〇八）翻刻明成化本影印原書版框高十七點六厘米寬十點五厘米

重刊明成化本東坡七集

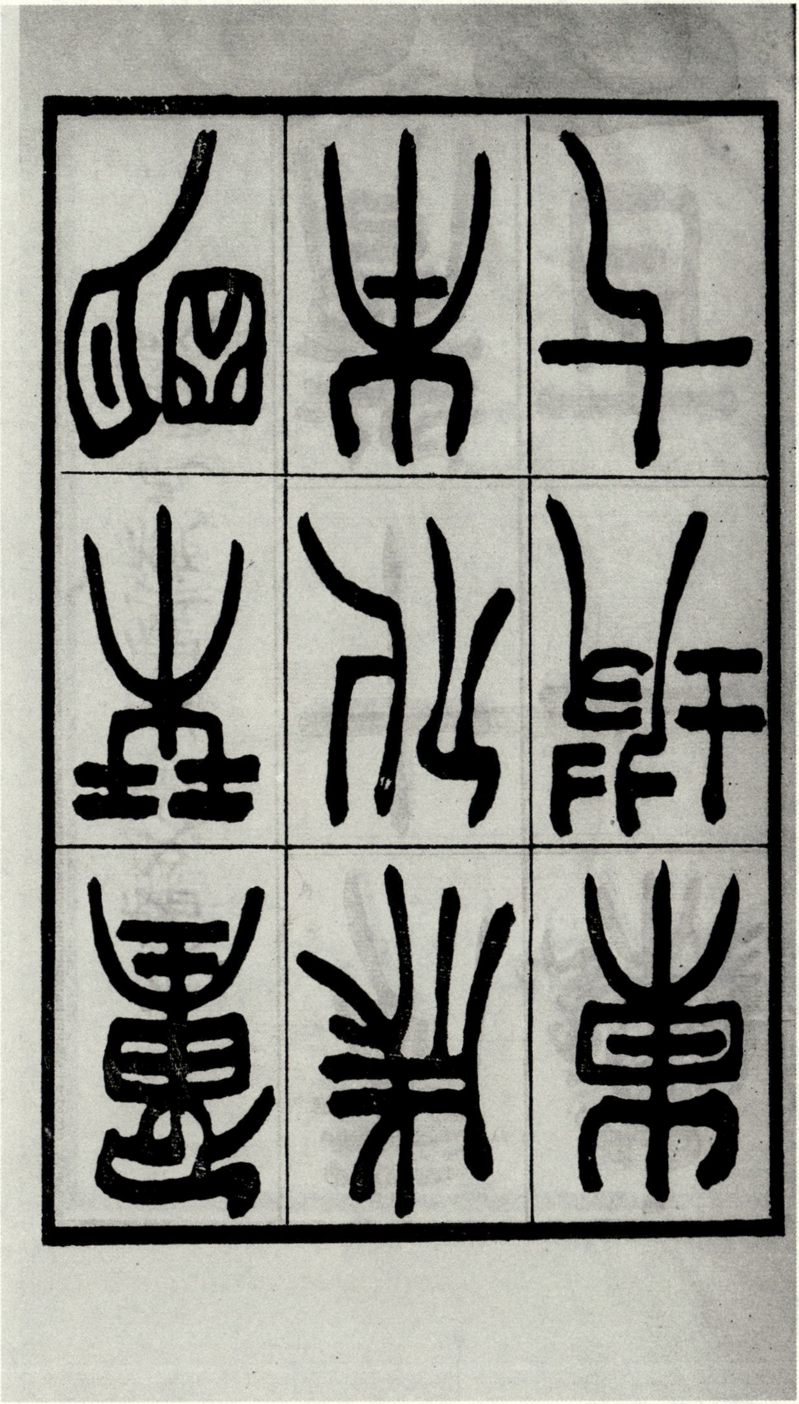

集一百有十卷

光緒戊申刊宣統己酉成

東坡集

四十卷

寶華盦刻

宋贈蘇文忠公太師制
勑朕承絶學於百聖之後探微言於
六籍之中将興起於斯文爰緬懷於
故老雖儀刑之莫覿尚簡策之可求
揭為儒者之宗用錫帝師之寵故禮
部尚書端明殿學士贈資政殿學士
諡文忠蘇軾養其氣以剛大尊所聞
而高明博觀載籍之傳幾海涵而地

負遠追正始之作殆王振而金聲知
言自況於孟軻論事肯卑於陸贄方
嘉祐全盛嘗膺特起之招至熙寧紛
更迺陳長治之策歎異人之間出驚
讒口之中傷放浪嶺海而如在朝廷
斟酌古今而若斡造化不可奪者嶤
然之節莫之致者自然之名經綸不
究於生前議論常公於身後人傳元

祐之學家有眉山之書朕三復遺編
久欽高躅王佐之才可大用恨不同
時君子之道闇而彰是以論世讜九
原之可作庶千載以聞風惟而英爽
之靈服我袞衣之命可特贈太師餘
如故

重刋蘇文忠公全集序

古今文章作者非一人其以之名天下者惟唐昌黎韓氏河東柳氏宋廬陵歐陽氏眉山二蘇氏及南豐曾氏臨川王氏七大家而已然韓柳曾王之全集自李漢劉禹錫趙汝礪危素之所編次皆已傳刻至今盛行于世歐陽文惟歐所自

選居士集大蘇文惟吕東萊所編
文選與前數家並行然僅十中之
一二求其全集則宋時刻本雖存
而藏于
内閣
仁廟亦嘗命工翻刻而歐集止以賜
二三大臣蘇集以工未畢而
上升遐矣故二集之傳于世也獨少

學者雖欲求之蓋已不可易而得
者矣海虞程侯自刑部郎来守吉
謂歐吉人吉學古文者以歐為之
宗師也嘗求歐公大全集刻之郡
黌以幸教吉之人矣既以文忠蘇
公學于歐者又其全集世所未有
復徧求之得宋時曹訓所刻舊本
及

仁廟所刻未完新本重加校閲仍依
舊本卷帙舊本無而新本有者則
為續集并刻之以與歐集並傳于
世既成教授王君克脩請予序公
為人英傑奇偉善議論有氣節其
為文章才落筆四海已皆傳誦下
至閭巷田里外及夷狄莫不知名
其盛蓋當時所未有其文名蓋與

韓柳歐曾王氏齊驅而並稱信如
天之星斗地之山嶽人所快覩而
欽仰者奚庸序爲獨惟程侯令日
所以傳刻之意則不可不序以見
之也蓋公文全集初有杭蜀吉本
及建安麻沙諸本行于世以歲既
久木朽紙弊至于今已不復全矣
茲幸程侯慕仰昔賢思其著述亟

為尋訪俾散亂亡逸者悉收拾之彙為一集傳刻於世使吾郡九邑之士得而觀之皆知學古之作而無浮靡之習四方郡邑之廣以至遐裔之地亦必因以流布而皆有以沾其賸馥後之君子將轉相摹刻以傳又可及於久遠則佚之幸教學者之意非獨止於一郡而達

之天下垂之後世無窮焉是其有
功於蘇文豈不亦大矣乎予故樂
而爲之序
成化四年春二月朔通議大夫禮
部右侍郎
國史副總裁前翰林學士兼
經筵官郡人李紹序

宋孝宗御製文忠蘇軾文集贊并序

成一代之文章必能立天下之大節立天下之大節非其氣足以高天下者未之能焉孔子曰臨大節而不可奪君子人歟孟子曰我善養吾浩然之氣以直養而無害則塞乎天地之間蓋存之於身謂之氣見之於事謂之節節也氣也合而言之道也以是

成文剛而無餒故能參天地之化開盛衰之運不然則雕蟲篆刻童子之事耳烏足與論一代之文章哉故贈太師謚文忠蘇軾忠言讜論立朝大節一時廷臣無出其右負其豪氣志在行其所學放浪嶺海文不少衰力斡造化元氣淋漓窮理盡性貫通天人山川風雲草木華實千彙萬狀可

喜可愕有感於中一寓之於文雄視
百代自作一家渾涵光芒至是而大
成矣朕萬幾餘暇紬繹詩書他人之
文或得或失多所取舍至於軾所著
讀之終日亹亹忘倦常寘左右以爲
矜式信可謂一代文章之宗也歟乃
作贊曰
維古文章　言必己出　綴詞緝句

文之蟊賊　手扶雲漢　斡造化機

氣髙天下　乃克為之　猗嗟若人

冠冕百代　忠言讜論　不顧身害

凛凛大節　見於立朝　放浪嶺海

侶於漁樵　歲晚歸来　其文益偉

波瀾老成　無所附麗　昭晰無疑

優游有餘　跨唐越漢　自我師模

貫馬豪奇　韓柳雅健　前哲典刑

末足多羨　敬想高風　恨不同時

掩卷三歎　播以聲詩

乾道九年閏正月望

選德殿書賜蘇嶠

宋史本傳

蘇軾字子瞻眉州眉山人生十年父洵游學四方母程氏親授以書聞古今成敗輒能語其要程氏讀東漢范滂傳慨然太息軾請曰軾若為滂母許之否乎程氏曰汝能為滂吾顧不能為滂母邪比冠博通經史屬文日數千言好賈誼陸贄書既而讀莊子歎曰吾昔有見口未能言今見是書得吾心矣嘉祐二年試禮部方時文磔裂詭異之弊勝主司歐陽脩思有以救之得軾刑賞忠厚論驚喜欲擢冠多士猶疑其客曾鞏所為但寘第二復以春秋對義居第一殿試

中乙科後以書見脩脩語梅聖俞曰吾當避此人出一頭地聞者始譁不厭久乃信服丁母憂五年調福昌主簿歐陽脩以才識兼茂薦之秘閣試六論舊不起草以故文多不工軾始具草文義粲然復對制策入三等自宋初以來制策入三等惟吳育與軾而已除大理評事簽書鳳翔府判官關中自元昊叛民貧役重岐下歲輸南山木栰自渭入河經砥柱之險衙吏踵破家軾訪其利害為脩衙規使自擇水工以時進止自是害減半治平二年入判登聞鼓院英宗自藩邸聞其名欲以唐故事召入翰林知制誥宰相韓

琦曰軾之才遠大器也他日自當為天下用要在朝
廷培養之使天下之士莫不畏慕降伏皆欲朝廷進
用然後取而用之則人人無復異詞矣今驟用之則
天下之士未必以為然適足以累之也英宗曰且與
脩注如何琦曰記注與制誥為鄰未可遽授不若於
館閣中近上貼職與之且請召試英宗曰試之未知
其能否如軾有不能邪琦猶不可及試二論復入三等
得直史館軾聞琦語曰公可謂愛人以德矣會洵卒
賻以金帛辭之求贈一官於是贈光祿丞洵將終以
兄太白早亡子孫未立妹嫁杜氏卒未葬屬軾軾既

除喪即葬姑後官可蔭推與太白曾孫彭熙寧二年還朝王安石執政素惡其議論異已以判官告院四年安石欲變科舉興學校詔兩制三館議軾上議曰得人之道在於知人知人之法在於責實使君相有知人之明朝廷有責實之政則胥史皁隸未嘗無人而況於學校貢舉乎雖因今之法臣以為有餘使君相不知人朝廷不責實則公卿侍從常患無人而況學校貢舉乎雖復古之制臣以為不足夫時有可否物有廢興方其所安雖暴君不能廢及其既厭雖聖人不能復故風俗之變法制隨之譬如江河之徙移

彊而復之則難為力慶曆固嘗立學矣至于今日惟
有空名僅存今將變今之禮易今之俗又當廢民力
以治宮室歛民財以食游士百里之内置官立師獄
訟聽于是軍旅謀于是又簡不率教者屏之遠方則
無乃徒為紛亂以患苦天下耶若乃無大更革而望
有益於時則與慶曆之際何異故臣謂今之學校特
可因仍舊制使先王之舊物不廢於吾世足矣至於
貢舉之法行之百年治亂盛衰初不由此陛下視祖
宗之世貢舉之法與今為孰精言語文章與今為孰
優所得人才與今為孰多天下之事與今為孰辦較

此四者之長短其議決矣今所欲變改不過數端或曰鄉舉德行而略文詞或曰專取策論而罷詩賦或欲兼采譽望而罷封彌或欲經生不貼墨而考大義此皆知其一不知其二者也願陛下留意於遠者大者區區之法何預焉臣又切有私憂過計者夫性命之說自子貢不得聞而今之學者耻不言性命讀其文浩然無當而不可窮觀其貌超然無著而不可挹此豈真能然哉蓋中人之性安於放而樂於誕耳陛下亦安用之議上神宗悟曰吾固疑此得軾議意釋然矣即日召見問方今政令得失安在雖朕過失指

陳可也對曰陛下生知之性天縱文武不患不明不患不勤不患不斷但患求治太急聽言太廣進人太銳願鎮以安靜待物之來然後應之神宗悚然曰卿三言朕當熟思之凡在館閣皆當為朕深思治亂無有所隱軾退言於同列安石不悦命權開封府推官將困之以事軾決斷精敏聲聞益遠會上元敕府市浙燈且令損價軾疏言陛下豈以燈為悦此不過以奉二宫之歡耳然百姓不言户曉皆謂以耳目不急之翫奪其口體必用之資此事至小體則甚大願追還前命即詔罷之時安石創行新法軾上書論其不

便曰臣之所欲言者三言而已願陛下結人心厚風俗存紀綱人主之所恃者人心而已如木之有根燈之有膏魚之有水農夫之有田商賈之有財失之則亡此理之必然也自古及今未有和易同衆而不安剛果自用而不危者陛下亦知人心之不悦矣祖宗以來治財用者不過三司今陛下不以財用付三司無故又創制置三司條例一司使六七少年日夜講求於內使者四十餘輩分行營幹於外夫制置三司條例司求利之名也六七少年與使者四十餘輩求利之器也造端宏大民實驚疑創法新奇吏皆惶

惑以萬乘之主而言利以天子之宰而治財論説百端喧傳萬口然而莫之顧者徒曰我無其事何恤於人言操罔罟而入江湖語人曰我非漁也不如捐網罟而人自信驅鷹犬而赴林藪語人曰我非獵也不如放鷹犬而獸自馴故臣以為消讒慝而召和氣則莫若罷條例司今君臣宵旰幾一年矣而富國之功茫如捕風徒聞内帑出數百萬緡祠部度五千餘人耳以此為術其誰不能而所行之事道路皆知其難汴水濁流自生民以来不以種稻今欲陂而清之萬頃之稻必用千頃之陂一歲一淤三歲而滿矣陛下

遂信其說即使相視地形所在鑿空訪尋水利妄庸
輕剽率意爭言官司雖知其疎不敢便行抑退追集
老少相視可否若非灼然難行必須且為興役官吏
苟且順從真謂陛下有意興作上靡帑廪下奪農時
隄防一開水失故道雖食議者之肉何補於民臣不
知朝廷何苦而為此哉自古役人必用鄉户今者徒
聞江浙之間數郡顧役而欲措之天下單丁女户盖
天民之窮者也而陛下首欲役之富有四海忍不加
恤自楊炎為兩稅租調與庸既兼之矣奈何復欲取
庸萬一後世不幸有聚斂之臣庸錢不除差役仍舊

推所從来則必有任其咎者矣青苗放錢自昔有禁
今陛下始立成法每歲常行雖云不許抑配而數世
之後暴君汙吏陛下能保之與計願請之户必皆孤
貧不濟之人鞭撻已急則繼之逃亡不還則均及鄰
保勢有必至異日天下恨之國史記之曰青苗錢自
陛下始豈不惜哉且常平之法可謂至矣今欲變為
青苗壞彼成此所喪逾多虧官害民雖悔何及昔漢
武帝以財力匱竭用賈人桑羊之説買賤賣貴謂之
均輸于時商賈不行盜賊滋熾幾至於亂孝昭既立
霍光順民所欲而予之天下歸心遂以無事不意今

日此論復興立法之初其費已厚縱使薄有所獲而
征商之額所損必多譬之有人為其主畜牧以一牛
易五羊一牛之失則隱而不言五羊之獲則指為勞
績今壞常平而言青苗之功虧商稅而取均輸之利
何以異此臣竊以為過矣議者必謂民可與樂成難
與慮始故陛下堅執不顧期於必行此乃戰國貪功
之人行險僥倖之說未及樂成而怨已起矣臣之所
願陛下結人心者此也國家之所以存亡者在道德
之淺深不在乎強與弱曆數之所以長短者在風俗
之薄厚不在乎富與貧人主知此則知所輕重矣故

臣願陛下務崇道德而厚風俗不願陛下急於有功而貪富強愛惜風俗如護元氣聖人非不知深刻之法可以齊衆勇悍之夫可以集事忠厚近於迂闊老成初若遲鈍然後不肯以彼易此者知其所得小而所喪大也仁祖持法至寬用人有叙專務掩覆過失未嘗輕改舊章考其成功則曰未至以言乎用兵則十出而九敗以言乎府庫則僅足而無餘徒以德澤在人風俗知義故升遐之日天下歸仁焉議者見其末年吏多因循事不振舉乃欲矯之以苛察齊之以智能招來新進勇銳之人以圖一切速成之效未享其

利澆風已成多開驟進之門使有意外之得公卿侍
從跬步可圖俾常調之人舉生非望欲望風俗之厚
豈可得哉近歲樸拙之人愈少巧進之士益多惟陛
下哀之救之以簡易為法以清淨為心而民德歸厚
臣之所願陛下厚風俗者此也祖宗委任臺諫未嘗
罪一言者縱有薄責旋即超升許以風聞而無官長
言及乘輿則天子改容事關廊廟則宰相待罪臺諫
固未必皆賢所言亦未必皆是然須養其銳氣而借
之重權者豈徒然哉將以折奸臣之萌也今法令嚴
密朝廷清明所謂奸臣萬無此理然養猫以去鼠不

可以無鼠而養不捕之猫畜狗以防盜不可以無盜而畜不吠之狗陛下得不上念祖宗設此官之意下為子孫萬世之防臣聞長老之談皆謂臺諫所言常隨天下公議公議所與臺諫亦與之公議所擊臺諫亦擊之今者物論沸騰怨讟交至公議所在亦知之矣臣恐自兹以往習慣成風盡為執政私人以致人主孤立紀綱一廢何事不生臣之所願陛下存紀綱者此也軾見安石贊神宗以獨斷專任因試進士發策以晉武平呉以獨斷而克符堅伐晉以獨斷而亡齊桓專任管仲而霸燕噲專任子之而敗事同而功

異為問安石滋怒使御史謝景温論奏其過窮治無
所得軾遂請外通判杭州高麗入貢使者發幣於官
吏書稱甲子軾却之曰高麗於本朝稱臣而不禀正
朔吾安敢受使者易書稱熙寧然後受之時新政日
下軾於其間每因法以便民民頼以安徙知密州司
農行手實法不時施行者以違制論軾謂提舉官曰
違制之坐若自朝廷誰敢不從今出於司農是擅造
律也提舉官驚曰公姑徐之未幾朝廷知法害民罷
之有盜竊發安撫司遣三班使臣領悍卒来捕卒凶
暴恣行至以禁物誣民入其家爭鬬殺人且畏罪驚

潰將為亂民奔訴軾軾投其書不視曰必不至此散
卒聞之少安徐使人招出戮之徙知徐州河決曹村
泛于梁山泊溢于南清河匯于城下漲不時洩城將
敗富民爭出避水軾曰富民出民皆動搖吾誰與守
吾在是水決不能敗城驅使復入軾詣武衛營呼卒
長曰河將害城事急矣雖禁軍且為我盡力卒長曰
太守猶不避塗潦吾儕小人當效命率其徒持畚鍤
以出築東南長堤首起戲馬臺尾屬于城雨日夜不
止城不沈者三版軾廬於其上過家不入使官吏分
堵以守卒全其城復請調來歲夫增築故城為木岸

以虞水之再至朝廷從之徙知湖州上表以謝又以事不便民者不敢言以詩託諷庶有補於國御史李定舒亶何正言摭其表語並媒蘖所為詩以為訕謗逮赴臺獄欲寘之死鍛鍊久之不決神宗獨憐之以黃州團練副使安置軾與田父野老相從溪山間築室於東坡自號東坡居士三年神宗數有意復用輒為當路者沮之神宗嘗語宰相王珪蔡確曰國史至重可命蘇軾成之珪有難色神宗曰軾不可姑用曾鞏鞏進太祖總論神宗意不允遂手扎移軾汝州有曰蘇軾黜居思咎閱歲滋深人材實難不忍終棄軾

未至汝上書自言飢寒有田在常願得居之朝奏夕報可道過金陵見王安石曰大兵大獄漢唐滅亡之兆祖宗以仁厚治天下正欲革此今西方用兵連年不解東南數起大獄公獨無一言以救之乎安石曰二事皆惠卿啓之安石在外安敢言軾曰在朝則言在外則不言事君之常禮耳上所以待公者非常禮公所以待上者豈可以常禮乎安石厲聲曰安石須說又曰出在安石口入在子瞻耳又曰人須是知行一不義殺一不辜得天下弗為乃可軾戲曰今之君子爭減半年磨勘雖殺人亦為之安石笑而不言至

常神宗崩哲宗立復朝奉郎知登州召為禮部郎中
軾舊善司馬光章惇時光為門下侍郎惇知樞密院
二人不相合惇每以謔侮困光光苦之軾謂惇曰司
馬君實時望甚重昔許靖以虛名無實見鄙於蜀先
主法正曰靖之浮譽播流四海若不加禮必以賤賢
為累先主納之乃以靖為司徒許靖且不可慢況君
實乎惇以為然光頼以少安遷起居舍人軾起於憂
患不欲驟履要地辭於宰相蔡確確曰公徊翔久矣
朝中無出公右者軾曰昔林希同在館中年且長確
曰希固當先公邪卒不許元祐元年軾以七品服入

侍延和即賜銀緋遷中書舍人初祖宗時差役行久
生弊編户充役者不習其役又虐使之多致破産狹
鄉民至有終歲不得息者王安石相神宗改為免役
使户差高下出錢顧役行法者過取以為民病司馬
光為相知免役之害不知其利欲復差役差官置局
軾與其選軾曰差役免役各有利害免役之害掊斂
民財十室九空斂聚於上而下有錢荒之患差役之
害民常在官不得專力於農而貪吏猾胥得緣為奸
此二害輕重蓋略等矣光曰於君何如軾曰法相因
則事易成事有漸則民不驚三代之法兵農為一至

秦始分為二及唐中葉盡變府兵為長征之卒自爾
以来民不知兵兵不知農農出穀帛以養兵兵出性
命以衛農天下便之雖聖人復起不能易也今免役
之法實大類此公欲驟罷免役而行差役正如罷長
征而復民兵蓋未易也光不以為然軾又陳於政事
堂光忿然軾曰昔韓魏公刺陝西義勇公為諫官爭
之甚力韓公不樂公亦不顧軾昔聞公道其詳豈今
日作相不許軾盡言耶光笑之尋除翰林學士二年
兼侍讀每進讀至治亂興衰邪正得失之際未嘗
不反覆開導覬其所啓悟哲宗雖恭默不言輒首肯

之嘗讀祖宗寶訓因及時事軾歷言今賞罰不明善
惡無所勸沮又黃河勢方北流而彊之使東夏人入
鎮戎殺掠數萬人帥臣不以聞每事如此恐寖成衰
亂之漸軾嘗鎖宿禁中召入對便殿宣仁后問曰卿
前年為何官曰臣為常州團練副使曰今為何官曰
臣今待罪翰林學士曰何以遽至此曰遭遇太皇太
后皇帝陛下曰非也曰豈大臣論薦乎曰亦非也軾
驚曰臣雖無狀不敢自他途以進曰此先帝意也先
帝每誦卿文章必嘆曰奇才奇才但未及進用卿耳
軾不覺哭失聲宣仁后與哲宗亦泣左右皆感涕已

而命坐賜茶徹御前金蓮燭送歸院三年權知禮部
貢舉會大雪苦寒士坐庭中噤未能言軾寬其禁約
使得盡技巡捕內侍每摧辱舉子且持暧昧單詞誣
以為罪軾盡奏逐之四年積以論事為當軸者所恨
軾恐不見容請外拜龍圖閣學士知杭州未行諫官
言前相蔡確知安州作詩借郝處俊事以譏太皇太
后大臣議遷之嶺南軾密疏朝廷若薄確之罪則於
皇帝孝治為不足若深罪確則於太皇太后仁政為
小累謂宜皇帝敕置獄逮治太皇太后出手詔赦之
則於仁孝兩得矣宣仁后心善軾言而不能用軾出

郊用前執政恩例遣内侍賜龍茶銀合慰勞甚厚旣
至杭大旱饑疫並作軾請於朝免本路上供米三之
一復得賜度僧牒易米以救飢者明年春又減價糶
常平米多作饘粥藥劑遣使挾醫分坊治病活者甚
衆軾曰杭水陸之會疫死比他處常多乃裒羨緡得
二千復發橐中黄金五十兩以作病坊稍畜錢糧待
之杭本近海地泉鹹苦居民稀少唐刺史李泌始引
西湖水作六井民足於水白居易又浚西湖水入漕
河自河入田所溉至千頃民以殷富湖水多葑自唐
及錢氏歲輒浚治宋興廢之葑積爲田水無幾矣漕

河失利取給江潮舟行市中潮又多淤三年一淘為
民大患六井亦幾於廢軾見茅山一河專受江潮鹽
橋一河專受湖水遂浚二河以通漕復造堰牐以為
湖水蓄洩之限江潮不復入市以餘力復完六井又
取葑田積湖中南北徑三十里為長堤以通行者吳
人種菱春輒芟除不遺寸草且募人種菱湖中葑不
復生收其利以備修湖取救荒餘錢萬緡粮萬石及
請得百僧度牒以募役者堤城植芙蓉楊柳其上望
之如畫圖杭人名為蘇公堤杭僧淨源舊居海濱與
舶客交通舶至高麗交譽之元豐末其王子義天来

朝因往拜焉至是淨源死其徒竊持其像附舶往告
義天亦使其徒來祭因持其國母二金塔云祝兩宮
壽軾不納奏之曰高麗久不入貢失賜予厚利意欲
求朝未測吾所以待之厚薄故因祭亡僧而行祝壽
之禮若受而不荅將生怨心受而厚賜之正墮其計
今宜勿與知從州郡自以理却之彼庸僧猾商為國
生事漸不可長宜痛加懲創朝廷皆從之未幾貢使
果至舊例使所至吳越七州費二萬四千餘緡軾乃
令諸州量事裁損民獲交易之利無復侵撓之害矣
浙江潮自海門東來勢如雷霆而浮山峙於江中與

漁浦諸山犬牙相錯洄洑激射歲敗公私船不可勝計軾議自浙江上流地名石門並山而東鑿為漕河引浙江及谿谷諸水二十餘里以達于江又並山為岸不能十里以達龍山大慈浦自浦北折抵小嶺鑿嶺六十五丈以達嶺東古河浚古河數里達于龍山漕河以避浮山之險人以為便奏聞有惡軾者力沮之功以故不成軾復言三吳之水瀦為太湖太湖之水溢為松江以入海海日兩潮潮濁而江清潮水常欲淤塞江路而江水清駛隨輒滌去海口常通則吳中少水患昔蘇州以東公私船皆以篙行無待挽者

自慶暦以来松江大築挽路建長橋以扼塞江路故
今三吳多水欲鑿挽路為十橋以迅江勢亦不果用
人皆以為恨軾二十年間再涖杭有德於民家有畫
像飲食必祝又生作祠以報六年召為吏部尚書未
至以弟轍除右丞改翰林承旨轍辤右丞欲與兄同
備從官不聽軾在翰林數月復以讒請外乃以龍圖
閣學士出知潁州先是開封諸縣多水患吏不究本
末決其陂澤注之惠民河河不能勝致陳亦多水又
將鑿鄧艾溝與潁河並且鑿黄堆欲注之於淮軾始
至潁遣吏以水平準之淮之漲水高於新溝幾一丈

若鑿黄堆淮水顧流頼地為患軾言於朝從之郡有
宿賊尹遇等數刼殺人又殺捕盜吏兵朝廷以名捕
不獲被殺家復懼其害匿不敢言軾召汝陰尉李直
方曰君能擒此當力言于朝乞行優賞不獲亦以不
職奏免君矣直方有母且老與母訣而後行乃緝知
盜所分捕其黨與手戟刺遇獲之朝廷以小不應格
推賞不及軾請以己之年勞當改朝散郎階為直方
賞不從其後吏部為軾當遷以符會其考軾謂已許
直方又不報七年徙揚州舊發運司主東南漕法聽
操舟者私載物貨征商不得留難故操舟者輒富厚

以官舟爲家補其弊漏且周船夫之乏故所載率皆
速達無虞近歲一切禁而不許故舟弊人困多盜所
載以濟飢寒公私皆病軾請復舊從之未閲歲以兵
部尚書召兼侍讀是歲哲宗親祀南郊軾爲鹵簿使
導駕入太廟有赭繖犢車并青蓋犢車十餘爭道不
避儀仗軾使御營巡檢使問之乃皇后及大長公主
時御史中丞李之純爲儀仗使軾曰中丞職當肅政
不可不以聞之純不敢言軾於車中奏之哲宗遣使
齎疏馳白太皇太后明日詔整肅儀衛自皇后而下
皆毋得迎謁尋遷禮部兼端明殿翰林侍讀兩學士

為禮部尚書高麗遣使請書朝廷以故事盡許之軾曰漢東平王請諸子及太史公書猶不肯予高麗所請有甚於此其可予乎不聽八年宣仁后崩哲宗親政軾乞補外以兩學士出知定州時國是將變軾不得入辭既行上書言天下治亂出於下情之通塞至治之極小民皆能自通迨於大亂雖近臣不能自達陛下臨御九年除執政臺諫外未嘗與群臣接今聽政之初當以通下情除壅蔽為急務臣日侍帷幄方當戍邊顧不得一見而行況疏遠小臣欲求自通難矣然臣不敢以不得對之故不效愚忠古之聖人將

有為也必先處晦而觀明處靜而觀動則萬物之情畢陳于前陛下聖智絶人春秋鼎盛臣願虛心循理一切未有所為默觀庶事之利害與群臣之邪正以三年為期俟得其實然後應物而作使既作之後天下無恨陛下亦無悔由此觀之陛下之有為惟憂太蚤不患稍遲亦已明矣臣恐急進好利之臣輒勸陛下輕有改變故進此説敢望陛下留神社稷宗廟之福天下幸甚定州軍政壞弛諸衛卒驕惰不教軍校蠶食其廩賜前守不敢誰何輒取貪汙者配隸遠惡繕修營房禁止飲博軍中衣食稍足乃部勒戰法衆

皆畏伏然諸校業業不安有卒史以贓訴其長軾曰
此事吾自治則可聽汝告軍中亂矣立決配之衆乃
定會春大閱將吏久廢上下之分軾命舉舊典帥常
服出帳中將吏戎服執事副總管王光祖自謂老將
耻之稱疾不至軾召書吏使為奏光祖懼而出訖事
無一慢者定人言自韓琦去後不見此禮至今矣契
丹久和邊兵不可用惟沿邊弓箭社與寇為鄰以戰
射自衛猶號精銳故相龎籍守邊因俗立法歲久法
弛又為保甲所撓軾奏免保甲及兩税折變科配不
報紹聖初御史論軾掌內外制日所作詞命以為譏

斥先朝遂以本官知英州尋降一官未至貶寧遠軍
節度副使惠州安置居三年泊然無所蔕芥人無賢
愚皆得其歡心又貶瓊州別駕居昌化昌化故儋耳
地皆人所居藥餌皆無有初僦官屋以居有司猶謂
不可軾遂買地築室儋人運甓畚土以助之獨與幼
子過處著書以為樂時時從其父老游若將終身徽
宗立移廉州改舒州團練副使徙永州更三大赦遂
提舉玉局觀復朝奉郎軾自元祐以來未嘗以歲課
乞遷故官止於此建中靖國元年卒于常州年六十
六軾與弟轍師父洵為文既而得之於天嘗自謂作

文如行雲流水初無定質但常行於所當行止於所
不可不止雖嬉笑怒罵之詞皆可書而誦之其體渾
涵光芒雄視百代有文章以来蓋亦鮮矣洵晚讀易
作易傳未究命軾述其志軾成易傳復作論語說後
居海南作書傳又有東坡集四十卷後集二十卷奏
議十五卷内制十卷外制三卷和陶詩四卷一時文
人如黄庭堅晁補之秦觀張耒陳師道舉世未之識
軾待之如朋儔未甞以師資自予也自為舉子至出
入侍從必以愛君為本忠規讜論挺挺大節群臣無
出其右但為小人忌惡擠排不使安於朝廷之上高

宗即位贈資政殿學士以其孫符為禮部尚書又以其文寘左右讀之終日忘倦謂為文章之宗親製集贊賜其曾孫嶠遂崇贈太師謚文忠軾三子邁迨過俱善為文邁駕部員外郎迨承務郎

過字叔黨軾知杭州過年十九以詩賦解兩浙路禮部試下及軾為兵部尚書任右承務郎軾帥定武謫知英州貶惠州遷儋耳漸徙廉永獨過侍之凡生理晝夜寒暑所須者一身百為不知其難初至海上為文曰志隱軾覽之曰吾可以安於島夷矣因命作孔子弟子別傳軾卒於常州過葬軾汝州郟城小峨眉

山遂家潁昌營湖陰水竹數畝名曰小斜川自號斜川居士卒年五十二初監太原府稅次知潁昌府郾城縣皆以法令罷晚權通判中山府有斜川集二十卷其思子臺賦颶風賦早行於世時稱為小坡蓋以軾為大坡也其叔轍每稱過孝以訓宗族且言吾兄遠居海上惟成就此兒能文也七子籥籍節笈箪遂箾

論曰蘇軾自為童子時士有傳石介慶曆聖德詩至蜀中者軾歷舉詩中所言韓富杜范諸賢以問其師師怪而語之則曰正欲識是諸人耳蓋已有頡頏當

世賢哲之意弱冠父子兄弟至京師一日而聲名赫
然動於四方既而登上第擢詞科入掌書命出典方
州器識之閎偉議論之卓犖文章之雄儁政事之精
明四者皆能以特立之志為之主而以邁往之氣輔
之故意之所向言足以達其有猷行足以遂其有為
至於禍患之来節義足以固其有守皆志與氣所為
也仁宗初讀軾轍制策退而喜曰朕今日為子孫得
兩宰相矣神宗尤愛其文宫中讀之膳進忘食稱為
天下奇才二君皆有以知軾而軾卒不得大用一歐
陽脩先識之其名遂與之齊豈非軾之所長不可掩

抑者天下之至公也相不相有命焉嗚呼軾不得相
又豈非幸歟或謂軾稍自韜戢雖不獲柄用亦當免
禍雖然假令軾以是而易其所為尚得為軾也

黄岡陶子麟刊

東坡先生年譜

五羊王宗稷編

仁宗皇帝景祐三年丙子

先生生於是年十二月十九日乙卯時按先生送沈逵詩云嗟我與君皆丙子又有贈長蘆長老詩云與公同丙子三萬六千日又按玉局文云十二月十九日東坡生日置酒赤壁磯上又按志林云退之以磨蝎為身宫而僕以磨蝎為命若以磨蝎為命推之則為卯時生議者以先生十二月為辛丑十九日為癸亥日丙子癸亥

水向東流故才汗漫而澄清子卯相刑晚年多

難

四年丁丑

寶元元年戊寅

二年己卯

康定元年庚辰

慶曆元年辛巳

二年壬午

是年先生七歲已知讀書按先生上韓魏公梅

直講書云自七八歲知讀書又按先生長短句

集洞仙歌自序云僕七歲時見眉州老尼姓朱年九十餘能知孟昶宮中事又考冷齋夜話載先生云某七八歲時嘗夢游陝右

三年癸未

是年先生八歲入小學按志林云吾八歲入小學以道士張易簡爲師師獨稱吾與陳太初者又按先生作范文正公文集序云慶曆三年某始入鄉校士有自京師来以魯人石守道慶曆聖徳詩示鄉先生某從旁竊觀問先生十一人何人也先生曰童子何用知之某曰此天人也

耶則不敢知若亦人耳何為其不可

四年甲申

五年乙酉

按子由作先生墓誌云公生十年而先君宦學四方太夫人親授以書問古今成敗輒能語其要太夫人讀東漢史至范滂傳慨然太息公侍側曰某若為滂夫人亦許之否乎夫人曰汝能為滂吾顧不能為滂母耶公亦奮厲有當世志太夫人喜曰吾有子矣又按大全集載東坡少時語云秦少章言東坡十來歲蘇曾令作夏侯

太初論有人能碎千金之璧不能無失聲於破釜能搏猛虎不能無變色於蜂蠆之語老蘇愛此論年少所作故不傳又按趙德麟所編侯鯖録云東坡年十歲在鄉里見老蘇誦歐公謝宣召赴學士院仍謝賜對衣金帶及馬表老蘇令坡擬之其間有匪伊垂之帶有餘非敢後也馬不進老蘇喜曰此子他日當自用之

六年丙戌

七年丁亥

先生年十二按先生所作天石硯銘曰某年十

二時於所居紗縠行宅隙地中與群兒鑿地為
戲得異石鏗然扣之有聲又按先生作鍾子翼
哀詞云某年十二先君宮師歸自江南又按先
生與曾子固書云祖父之沒某年十二矣

八年戊子

皇祐元年己丑

二年庚寅

三年辛卯

四年壬辰

先生年十七按長短句滿庭芳序云余年十七

始與劉仲達往来於眉山

五年癸巳

至和元年甲午

先生年十九始娶眉州青神王方女按先生作王氏墓誌云生有十九歲而歸于某至治平二年王氏卒年二十有七以王氏年數考之則甲午年歸于先生明矣

二年乙未

是歲先生年二十游成都謁張安道按先生作樂全先生文集序云某年二十以諸生見公成

都一見待以國士有晁美叔是年求交於先生

按送美叔詩云我生二十無朋儔當時四海一子由君来扣門若有求

嘉祐元年丙申

先生年二十一舉進士按鳳鳴驛記云始余丙申歲舉進士過扶風求舍於館人不可而出次於逆旅又有寓老蘇送石舍人序

二年丁酉

先生年二十二赴試禮部館于興國寺浴室院

按先生作興國六祖書贊云余嘉祐初舉進士

館于興國浴室院時歐陽文忠公考試得先生
刑賞忠厚之至論以為異人欲冠多士疑曾子
固所為子固文忠門下士也乃寘先生第二復
以春秋對義居第一及殿試章衡牓中進士乙
科始見知于歐陽公及韓魏公富鄭公皆待以
國士又按先生作太息一篇送秦少章歸京云
昔吾舉進士試名於禮部歐陽文忠公見吾文
且曰此我輩人也吾當避之是時士以剽裂為
文訕公者成市又有上韓太尉書云某年二十
有二矣及有上梅直講書是年先生登第之後

四月丁太夫人武陽君程氏憂按司馬温公作
程夫人墓誌云夫人以嘉祐二年四月癸丑終
於鄉里又按老蘇寄文忠公書云二子不免丁
憂今已到家

三年戊戌

四年己亥

是歲先生年二十四服除十二月侍老蘇舟行
適楚按先生南行前集序云己亥之歲侍行適
楚舟中無事雜然有觸於中而發於詠嘆蓋家
君之作與弟轍之文皆在焉謂之南行集

五年庚子

是歲先生年二十五授河南府福昌縣主簿有新渠詩其序云庚子正月予過唐州太守趙侯始復之陂蹤召渠為新渠詩五章以告于道路致侯之意

六年辛丑

是年先生二十六應中制科入第三等有應制科上兩制書及上富丞相書又有謝應中制科啓授大理評事鳳翔府簽判按先生有感舊詩序云嘉祐中子與子由奉　制策寓居懷遠驛

時年二十六子由年二十三耳是年十二月赴
鳳翔任與子由別馬上賦詩到任有石鼓詩云
冬十二月歲辛丑我初從政見魯叟及有鳳翔
八觀及鳳鳴驛記

七年壬寅

先生年二十七官于鳳翔二月有　詔郡吏分
往屬外決囚作詩五百言寄子由又有壬寅重
九不預會遊普門寺僧閣有懷子由詩及䅉志
林有論太白山舊封公爵為文記之是歲嘉祐
七年也又有記歲暮鄉俗三首以子由和守歲

詩考之云顩兎追龍蛇子由注云是歲壬寅乃
知記歲暮鄉俗三詩作於壬寅歲矣

八年癸卯

先生年二十八官于鳳翔作思治論

英宗皇帝治平元年甲辰

先生年二十九官于鳳翔

二年乙巳

先生年三十自鳳翔罷任按子由作先生墓誌
云治平二年罷還判登聞鼓院　英宗皇帝在
藩邸聞先生名欲以唐故事召入翰林宰相限

以近例召試祕閣皆入三等得直史館是年通

義郡君王氏卒於京師

三年丙午

先生年三十一在京師直史館丁老蘇憂扶護

歸蜀按歐陽文忠公作老蘇墓誌云明允太常

因革禮書一百卷書成方奏未報君以疾卒實

治平三年四月戊申也又按張安道作老蘇文

安先生墓表云太常禮書成未報以疾卒實治

平三年四月也　英宗皇帝聞而傷之命有司

具舟載其喪歸葬于蜀

四年丁未

先生年三十二居服制中以八月壬辰葬老蘇于眉州

神宗皇帝熙寧元年戊申

先生年三十三免喪按四菩薩閣記云載四菩薩版以歸既免喪嘗與往来浮屠人勸某為先君捨施為大閣以藏之作記乃熙寧元年十月

二年己酉

先生年三十四還　朝監官告院按烏臺詩話云熙寧二年某在京授差遣與王詵寫詩賦及

蓮華經

三年庚戌

先生年三十五監官告院有送章子平詩其序云熈寧三年子平自右司諫直集賢院出牧鄭州賦詩餞之又有送錢藻知婺州詩分韻得英字送曾子固倅越詩分韻得燕字烏臺詩話云舊例館閣補外同舍餞送必分韻又有寄劉貢甫詩是年范景仁嘗舉先生充諫官

四年辛亥

先生年三十六任監官告院兼判尚書祠部王

荆公欲變科舉　上疑焉使兩制三館議之先
生獻三言荆公之黨不悅命攝開封府推官有
奏罷買燈疏御史知雜事謡奏先生過失未嘗
一言以自辯乞外任避之除通判杭州有赴任
過揚州與劉貢甫孫巨源劉莘老相聚數月用
逐人字作詩十一月到任有初到杭州寄子由
兩絶除夕先生以通判職事直都廳日暮返舍
題一詩于壁

五年壬子

先生年三十七在杭州通判任是歲有牡丹記

其序云熙寧五年三月二十三日余從太守沈
公觀花於吉祥寺是年科場先生監試有呈試
官詩及試院煎茶詩催試官考較試作八月十
七日登望湖樓是日榜出與試官兩人復留有
五絶句又有送杭州進士詩序云熙寧五年錢
塘之士貢於禮部者九人十月乙酉宴于中和
堂作是詩以勉之十二日運司差先生往湖州
相度堤岸利害與湖州太守孫莘老相見有贈
莘老七絶及作山村五絶是歲又作送杜子方
詩及臘月遊孤山訪惠勤惠思二僧有詩

六年癸丑

先生年三十八在杭州通判任有八月十五觀湖詩寓于安濟亭上及作　仁宗皇帝飛白記其略云熈寧　六年冬以事至姑蘇安簡王公子誨出所賜公端敏二字又有作錢塘六井記其略云熈寧　五年太守陳公述古至問民之利病明年春六井畢脩故詳其語以告後人運司又差先生往潤州道出秀州錢安道送茶和詩是歲有次韻章傳道詩和劉貢甫秦字韻詩寄劉道原詩及和陳述古冬日牡丹詩四絶又有題

贈法惠師小童思聰

七年甲寅

先生年三十九在杭州通判任正月遊風水洞推官李泌先行三日留風水洞相待有詩題壁是年納侍妾朝雲墓誌云朝雲姓王氏錢塘人事先生二十有三年紹聖三年卒于惠州年三十四以歲月考之熙寧之甲寅至紹聖之丙子恰二十三年乃知納朝雲在是年明矣朝雲年三十四是爲癸卯生来事先生方十二云先生以子由在濟南求爲東州守按子由超然臺賦序

云子瞻通守餘杭三年不得代以轍之在濟南
也求爲東州守既得請高密五月乃有移知密
州之命按先生作勤上人詩集序云熙寧七年
余自錢塘赴高密又按先生辛未别天竺觀音
詩序云余昔通守錢塘移莅膠西以九月二十
日来别南北山道友乃知先生以秋末去杭按
先生記游松江説云吾昔自杭移高密與楊元
素同舟而陳令舉張子野皆從余過李公擇於
湖遂與劉孝叔俱至松江夜半月出置酒垂虹
亭上子野年八十五以歌詞聞於天下作定風

波令及道過常州爲錢公轉作哀辭及有與段
屯田詩云龍鍾三十九勞生已強半歲暮日斜
時還爲昔人嘆是年又作皃繹先生文集序又
有師子屏風賛云潤州甘露寺有唐李衛公所
留陸探微畫師子版余自錢塘移守膠西過而
觀焉是年先生在潤州道上過除夜則師子賛
必在是年矣又有潤州道上過除夜詩兩絶

八年乙卯

先生年四十到密州任有上韓丞相論災傷書
其到郡二十餘日矣又論密州鹽稅又作後杞

菊賦其序云予仕宦十有九年家日益貧移守膠西而齋廚索然按先生丁酉年登第至是恰十九年矣是年有送劉孝埗吏部詩及和李公擇来字韻詩及常山祈雨感應立雩泉

九年丙辰

先生年四十一在密州任作刻秦篆記云熙寧九年丙辰蜀人蘇某来守高密是年中秋歡飲達旦作水調歌頭懷子由及作薄薄酒二章又寫超然臺記寄李清臣又祭常山神文書膠西盖公堂照壁畫賛及作山堂銘作表忠觀碑

十年丁巳

先生年四十二在密州任就差知河中府已而

改知徐州四月赴徐州任有留别釋迦院牡丹

呈趙倅詩按子由作先生墓誌云自密徙徐是

歲河決曹村乃知是丁巳自密改東徐又與子

由相會於澶濮之間相約赴彭城留百餘日宿

於逍遥堂子由有兩絶先生和之徐州水患大

作七月十七日河決澶州曹村埽八月二十一日

及徐州城下先生治水有功至十月五日水漸

退城以全 朝廷降詔獎諭作河復詩韓幹畫

馬歌司馬君實獨樂園詩及送范蜀公往西京
詩又有和子由水調歌頭詞及有與王定國顛
長道泛舟詩有回頭四十二年非之句

元豐元年戊午

先生年四十三在徐州任適值春旱徐州城東
二十里有石潭置虎頭其中可致雷雨作起伏
龍行是年三月始識王迥子高聞與仙人周瑶
英遊作芙蓉城詩二月有　旨賜錢二千四百
一十萬起夫四千二十三人及發常平錢米改
築徐州外小城創木岸四以獎諭　勑記併刻

諸石為隄𨻶防河録云廼即徐州城之東門為
大樓堊以黄土名之曰黄樓以土實勝水故也
子由作黄樓賦先生跋云元豐元年八月癸丑
樓成九月庚辰大合樂以落之又有中秋月三
首云六年逢此月五年照離别先生注云中秋
有月凡六年矣惟去歲與子由會於此去歲之
會乃逍遥堂和詩之時也又有九日黄樓作古
詩一首云去年重陽不可說南城夜半千漚䨓
之句以去年九月大水未退故有是語又作放
鶴亭記滕縣公堂記鹿鳴燕詩序和魯直古風

二首及次韻潛師放魚和舒堯文祈雪詩祭文與可及作石炭詩又作日喻一篇

二年己未

先生年四十四在徐州任正月己亥同畢仲孫舒煥八人游泗之上登石室使道士戴日祥鼓雷氏琴先生有記按玉局文云僕在徐州王子立子敏皆館於官舍而蜀人張師厚来過二王方年少吹洞簫飲酒杏花下三月自徐州移知湖州按先生作張氏園亭記云余自彭城移守吴興由宋登舟三宿而至其記乃三月二十七

日所作乃知三月移湖州明矣是年以四月二
十九日到湖州任作送通教大師還杭州序及
為章質夫作思堂記王定國作三槐堂記跋歐
陽文忠公家書後在湖州王子立子敏皆從先
生作子立墓誌云子立子敏皆從余學於吳興
學道日進東南之士稱之有與王郎昆仲及兒
子邁遶城觀荷花登峴山亭晚入飛英寺分韻
得月明星稀四首又有泛舟城西會者五人分
韻得人皆苦炎字四首又作文與可畫篔簹谷
偃竹記其末云元豐二年七月七日予在湖州

曝書見畫廢卷而哭失聲是歲言事者以先生
湖州到任謝表以爲謗七月二十八日中使皇
甫遵到湖追攝按子立墓誌云予得罪於吳興
親戚故人皆驚散獨兩王子不去送予出郊曰
死生禍福天也公其如天何返取予家致之南
都又按先生上文潞公書云某始就逮赴獄有
一子稍長徒步相隨其餘守舍皆婦女幼稚至
宿州御史符下就家取書州郡望風遣吏發卒
圍船搜取長幼幾怖死既去婦女恚罵曰是好
著書書成何所得而怖我如此悉取焚之八月

十八日赴臺獄中有寄子由詩二首及賦榆槐竹柏四詩又有十二月二十日恭聞　太皇太后升遐吏以某罪人不許成服欲哭則不可欲泣則不敢作挽詩二首已而獄具十二月二十九日責授黄州團練副使本州安置是年子由聞先生下獄上書乞以見任官職贖先生罪責筠州酒官出獄再次寄子由二詩韻有百日歸期恰及春之句先生自八月坐獄至是踰百日矣

三年庚申

先生年四十五責黄州自京師道出陳州子由自南郡来陳相見三日而别先生有古詩有便為齊安民之句又與文逸民飲别攜手河堤上作詩與子由别乃正月十有四日也至十八日蔡州道上遇雪有次子由韻古詩二首過新息縣有示鄉人任師中一首任伋字師中眉州人嘗倅黄州卜居新息先生以詩示之又有過淮詩游淨居寺詩至岐亭訪故人陳慥季常為留五日賦詩一首而去乃以二月一日至黄州寓居定惠院有初到黄州詩按先生别王文甫子

辯云僕以元豐三年二月一日到黄州家在南
都獨與兒子邁来是年五月子由来齊安先生
有詩迎之又有曉至巴河迎子由詩乃與子由
同遊武昌西山寒溪寺有古詩一首定惠顒師
為先生竹下開嘯軒作詩記其事又作五禽言
又有定惠寺寓居月夜偶出詩云去年花落在
徐州對月酣歌美清夜今年黄州見花發小院
閉門風露下盖懐在徐州與張師厚王子立子
敏飲酒杏花下時也定惠有海棠一株土人不
知其貴先生作詩有也知造物有深意故遣佳

人在幽谷之句按近日黃州東坡圖云先生寓
居定惠未久以是春遷臨臯亭乃舊日之回車
院也又有遷居臨臯亭詩先生就臨臯亭立南
堂有詩五絕又有讀戰國策及作石芝詩先生
是歲又有荅秦太虛書借得本州天慶觀道士
堂冬至後坐四十九日先生乳母王氏八月卒
于臨臯亭按先生上文潞公書云到黃州無所
用心覃思易論語若有所得由是言之先生到
黃定居之後即作易傳九卷論語五卷必始於
是歲矣

四年辛酉

先生年四十六在黃州寓居臨臯亭正月往岐亭訪陳季常以岐亭五首考之云元豐三年正月岐亭爲留五日明年正月復往見之過古黃州獲一鑑周尺有二寸有鑑銘云元豐四年正月余自齊安往岐亭泛舟而還過古黃州獲一鑑周尺有二寸是年先生請故營地之東名之以東坡考東坡八首序云余至黃二年日以困匱故人馬正卿哀予乏食於郡請故營地使躬耕其中盖先生庚申来黃至辛酉爲二年矣以

東坡圖考之辛酉方營東坡次年始築雪堂以贈孔毅甫詩觀之去年東坡拾瓦礫今年刈草蓋雪堂則雪堂作於壬戌歲明矣又有中秋日飲酒江亭上有贈鄭君求字及記游松江說聞捷說按大全集雜說云元豐辛酉冬至僕在黃州姪安節遠來飲酒樂甚以識一時盛事又有冬至贈安節詩云平生幾冬至少小如昨日又有與安節夜坐賦蘗字韻詩三首及正月過岐亭作應夢羅漢記

五年壬戌

先生年四十七在黃州寓居臨臯亭就東坡築
雪堂自號東坡居士以東坡圖考之自黃州門
南至雪堂四百三十步雪堂問云蘇子得廢圃
於東坡之脇䂓其正曰雪堂以大雪中為之因
繪雪於四壁之間無容隙其名葢起於此先生
自書東坡雪堂四字以榜之試以東坡圖考雪
堂之景堂之前則有細柳前有浚井西有微泉
堂之下則有大冶長老桃花茶巢元脩菜何氏
叢橘種秔稌蒔棗栗有松期為可斲種麥以為
奇事作陂塘植黃桑皆足以供先生之歲用而

為雪堂之勝景云耳以長短句擬斜川觀之元豐壬戌之春予躬耕東坡築雪堂以居之南挹四望亭之後西控北山之微泉慨然而歎此亦斜川之游也作江城子詞是年三月先生以事至蘄水觀悼徐德占詩序云元豐五年三月余以事至蘄水德占惠然見訪又有春夜行蘄水過酒家飲酒乘月至一橋上曲肱少休作西江月詞又遊蘄水清泉寺作浣溪沙詞又作寒食詩二首云自我来黃州已見三寒食先生庚申二月来黃至是三寒食矣太守徐君猷分新火

先生有詩謝之有臨臯亭中一危坐三見清明改新火之句七月遊赤壁有赤壁賦云壬戌之秋七月既望蘇子與客泛舟遊于赤壁之下十月又遊之有後赤壁賦以東坡圖考之後赤壁賦云十月既望蘇子步自雪堂將歸于臨臯則壬戌之冬未遷而先生以甲子六月過汝則居雪堂止年餘由是推之先生自臨臯遷雪堂必在壬戌十月之後明矣又有和孔毅甫久旱已其雨三首云去年太歲空在酉乃知指去年辛酉而言之也又按長短句有飲王文甫家集古

句作墨竹定風波及夢扁舟望棲霞作鼓笛慢
及記單驤孫兆事迹作怪石供及重九作醉蓬
來示黄守徐君猷有羇旅三年之句先生庚申
萊黄至是恰三年矣

六年癸亥

先生年四十八在黄州為通判孟亨之跋子由
君子泉銘及有題唐林父筆文閏八月有詩與
武昌主簿吴亮工又有記承天夜遊云十月十
二夜至承天寺尋張懷民相與步於中庭庭中
如積水空明水中藻荇蓋竹柏影也及作一絶

送曹煥往筠州序云明年余過圓通始得其詳

先生甲子歲自黄之江遊廬山則送曹煥詩必在是年矣又夢中作祭春牛文云元豐六年十二月二十七日天欲明夢數吏人持紙請祭春牛文予取筆疾書其上

七年甲子

先生年四十九在黄州二月與徐得之參寥子步自雪堂至乾明寺有師中庵題名又有記定惠寺海棠詋四月乃有量移汝州之命按先生長短句滿庭芳序云四月一日予將自黄移汝

留别雪堂鄰里二三君子李仲覽来書以遺之
詞中有坐見黄州再閏之句按東坡圖云郡人
潘邠老及弟大觀俱以詩知名多從先生游先
生去以雪堂付之邠老因以居焉四月六日又
作安國寺記有别黄州詩有過江夜行武昌山
上聞黄州鼓角詩黄州送先生者皆至於慈湖
陳季常獨至九江既到江州和李太白潯陽宫
詩其序云今予亦四十九感之次其韻因游廬
山有記遊廬山詭云僕初入廬山山谷奇秀平
生所欲見應接不暇不欲作詩已而山中僧俗

皆曰蘇子瞻来矣不覺作一絶入開元寺主僧
求詩作瀑布一絶往来十餘日作漱玉亭三峡
橋詩與揔老同遊西林有贈揔老及題西林壁
皆絶句也又有寫寶盖頌與僊長老其序云圓
通禪院先君舊遊也四月二十四日晚至宿焉
明日先君忌日寫寶盖頌以贈長老僊公盖先
生端午已在筠州計程必作宫師忌日之後即
為高安之行矣途中又有題李公擇山房及過
建昌李野夫公擇故居有古詩一首按跋李志
中文云元豐七年某舟行赴汝乃自富川陸走

高安別家弟子由以冷齋夜話考之子由在筠
州雲庵居洞山聰禪師亦蜀人居壽聖寺一夕
三人同夢迎五祖戒和尚揃手大笑曰世間果
有同夢者異哉久之東坡書至曰已至奉新旦
夕相見三人同出二十里建山寺而東坡至各
追繹所夢坡曰某年七八歲時嘗夢某身是僧
往來陝右雲庵驚曰戒陝右人也暮年弃五祖
來遊高安終於大愚逆數蓋五十年而坡時年
四十九矣又以先生古詩考之有自興國往筠
宿石田驛詩及將至筠州先寄遲适遠三猶子

詩端午遊真如寺及别子由三首在筠州爲留

十日又有初别子由至奉新作皆先生筠州之

作也七月過金陵有與葉致遠唱和詩途中又

有送沈逵赴廣南詩云嗟我與君皆丙子四十

九年窮不死又云我方北渡脫重江君復南行

輕萬里逼歲到泗州十二月十八日浴雍熙塔

下作如夢令兩闋又作滿庭芳與劉元達序云

余年十七與仲達往來於眉山四十九相逢於

泗上晦日同遊南山話舊感嘆又有跋李志中

文天石硯銘又作水龍吟及有謝黄師是除夜

送酥酒詩先生上表乞於常州居住其略云今
雖已至泗州而貲用罄竭見一面前去南京聽
候朝旨又考騾馱驛試筆云正月四日離泗
州則是除夜在泗州明矣

八年乙丑

先生年五十按大全集雜説騾馱驛試筆云今
日離泗州然吾方上書求居常州乃正月四日
書及到南京有放歸陽羨之命遂居常州五月
内復朝奉郎知登州再過密州有贈太守霍翔
詩云十年不赴竹馬約蓋先生丁巳歲去密至

是以戍數為十年矣過海州嘆高麗館壯麗作
一絶到郡五日以禮部郎官名到省半月除起
居舍人在登州有海市詩又有别登州舉人詩
有休嫌五日怱怱守之句又有贈杜介詩及題
楞伽跋多寶院文又有題登州蓬萊閣及跋起
居錢公文後
哲宗皇帝元祐元年丙寅
先生年五十一以七品服入侍延和改賜銀緋
尋除中書舍人按志林云元祐元年余為中書
舍人復遷翰林學士知制誥是年有法雲寺鍾

銘又作真相院釋迦舍利塔銘及作元祐元年
九月六日明堂赦文又有内中告遷　神御於
新添脩殿奉安祝文及奉告天地社稷宗廟宫
觀寺院祈雪祝文五嶽四瀆祈雪祝文及任中
書舍人日舉江寧府司理周種充學官及除内
翰又有舉魯直自代狀

二年丁卯

先生年五十二爲翰林學士復除侍讀有書石
舍人北使序後及有與喬仝寄賀君詩其序云
元祐二年仝來京師十數日予留之不可又有

二月八日朝退起居院感申公故事作一絶又
有書子由日本扇後及作祭王宜甫文又作興
國寺六祖畫賛至嘉祐初舉進士館於興國浴
室院予去三十一年而中書舍人彭賢資亦館
於是余往見之按先生嘉祐丁酉舉進士至元
祐丁卯恰三十一年矣是年又作西京應天院
脩神御畢告遷諸神祝文及奉安　神宗皇帝
神御祝文及景靈宫宣光殿奉安　神宗皇帝
御容祝文五嶽四瀆祈雨祝文天地宗廟社稷
祈雨祝文景靈宫天興殿開淘井眼祭告里域

真官祝文

三年戊辰

先生年五十三任翰林學士有和子由元日省宿致齋有白髮蒼顔五十三之句是年省試先生知貢舉開院日有與李方叔詩序云僕與李廌方叔相知久矣僕領貢舉事李不得第愧甚作詩謝之又和錢穆父雪中見及有行避門生時小飲之句又充館伴北使按先生與陳傳道書云某頃伴虜使頗能誦某文乃知先生高文大冊傳播夷夏又豈止及於雞林行賈而已哉

是年作呂大防范純仁左右相制端午帖子詞
元祐三年六月德音赦文及作西路闕雨祈雨
祝文按趙德麟侯鯖録云東坡云元祐三年二
月二十一日與魯直蔡天啓會于伯時舍録鬼
仙詩文有議論作詩付過又有論樂等說及與
王晉卿論雪堂義墨及為文驥作字說又十二
月二十一日立延和殿中論盛度誥詞

四年己巳

先生年五十四任翰林學士有東太一宫脩殿
告十神太一真君祝文三月内累章請郡除龍

圖閣學士知杭州按子由作先生墓誌云宣
仁心善先生辯蔡持正之謗出郊遣内侍賜龍
茶銀合用前執政恩例先生以七月三日到杭
州任謝表云江山故國所至如歸父老遺民與
臣相問以先生去杭州十六年故有是語爾到
任有謁文宣王廟祝文云昔自太史通守是邦
今由禁林出使浙右又有謁諸廟祝文先生之
帥杭也替林子中先生有和子中詩有江邊遺
愛啼斑白之句是年過吳興又作定風波為六
客詞作范文正公文集序及跋邢惇夫賦書米

元章又有己巳重九和蘇伯固點絳唇是歲子由使契丹先生有詩送之有單于若問君家世莫道中朝第一人之句先生出牧餘杭子由代先生爲學士

五年庚午

先生年五十五在杭州任有論西湖狀及論高麗公案有謝元祐五年曆日表有與劉景文蘇伯固遊七寶寺題竹上絶句又有庚午重九點絳唇十月二十六日與晦老全翁元之敦夫遊南屏寺記點茶試墨說十二月遊小靈隱聽林

道人彈琴及有乞僧子珪師號狀除夜有和熙寧中題都廳詩序云熙寧中某通守此邦除夜題一詩于壁今二十年矣蓋熙寧辛亥至元祐庚午恰二十年是年又有書朱象先畫後及問淵明說

六年辛未

先生年五十六在杭州任被名按先生作別天竺觀音三絕序云以三月九日被旨赴闕又按先生作參寥泉銘云予以寒食去郡又上元作會有獻剪綵花者作浣溪沙寄袁公濟先生

之去杭也林子中復来替先生是以先生與子中啓有違相先後之説過潤州作臨江仙别張秉道既到京師除翰林承旨復侍邇英按子由所作頴濵遺老傳云先生名還本除吏部尚書復以臣故改翰林承旨臣之私意元不遑安乞寢臣新命與兄同備從官不報六月作上清儲祥宫碑其略云元祐六年六月丙午　制詔臣某上清儲祥宫成當書之石臣待罪北門記事之成職也按趙德麟侯鯖録云先生元祐中再名入院作承旨乃益舊擬作衣帶馬表云枯羸

之質匪伊垂之帶有餘歛退之心非敢後也馬不進數月以弟嫌請郡復以舊職知潁州按先生懷舊别子由詩云元祐六年予自杭州召還寓居子由東府數月復出領汝陰時予年五十六矣到任有謁文宣王及諸廟文有祭歐陽文忠文及有到潁未幾公帑已竭齋厨索然戲作數句按趙德麟侯鯖録云元祐六年冬汝陰久雪人飢一日天未明東坡先生簡名議事曰某一夕不寐念潁人之饑欲出百餘千造炊餅救之老妻謂某曰子昨過陳見傅欽之言簽判在

陳賑濟有功不問其賑濟之法某遂相招令時
面議曰已備之矣今細民之困不過食與火耳
義倉之積穀數千石便可支散以救下民作院
有炭數萬秤酒務有柴數十萬秤依元價賣之
可濟中民先生曰吾事濟矣遂草放積欠賑濟
奏陳履常有詩先生次韻有可憐擾擾雪中人
之句為是故也由此觀之先生善政救民之飢
真得循吏之體矣又有聚星堂雪詩祭辯才文
跋張乖崖文後及志林載夢中論左傳說及論
子厚瓶賦又有十二月二日與歐陽棐弼季默

夜坐記道人問真説是年潁州災傷先生奏乞
罷黃河夫萬人開本州溝瀆從之

七年壬申

先生年五十七在潁州任按趙德麟侯鯖録云
元祐七年正月東坡在汝陰州堂前梅花大開
月色鮮霽先生王夫人曰春月色勝如秋月色
秋月令人慘悽春月令人和悦何如名趙德麟
輩來飲此花下先生大喜曰吾不知子亦能詩
耶此真詩家語耳遂召與二歐飲先生用是語
作減字木蘭花有不似秋光只與離人照斷腸

之句已而改知揚州先生之在潁也與趙德麟
同治西湖未幾有維揚之命三月十六日湖成
德麟有詩見懷先生次韻又再和之及作雙石
詩示僚友按冷齋夜話云東坡鎮維揚幕下皆
奇豪一日石塔長老求解院歸西湖坡將僚佐
袖中出疏使晁無咎讀之其詞有為東坡而少
留之句已而以兵部尚書名有名還至都門先
寄子由詩有一味豐年說淮潁之句復兼侍讀
是年南郊先生為鹵簿使尋遷禮部尚書遷端
明侍讀學士有讀朱暉傳題文潛語後及作醉

翁操任兵部尚書日有薦趙德麟狀

八年癸酉

先生年五十八任端明侍讀二學士是年先生繼室同安郡君王氏卒於京師按先生作西方阿彌陀賛序云蘇某之妻王氏元祐八年八月一日卒于京師謹按先生初娶通義郡君王氏乃同安之堂姊也先生祭王君錫丈人云某始婚姻公之猶子允有令德夭閼莫遂惟公幼女嗣執罍篚由是推之通義爲同安之堂姊明矣但未能究先生再娶之歲月耳又有八月二十

七日建隆章淨館成一絶有坐待宫人畫詔回之句復以二學士出知定州九月十四日東府雨中作示子由云去年秋雨時我在廣陵歸今年中山去白首歸無期盖定州之除必在九月内矣到定州任有祭韓魏公文書定州學士硯盖作中山松醪賦是年又作杜輿子師字説及論子方蟲有夢南軒語

紹聖元年甲戌

先生年五十九知定州就任落兩職追一官知英州有辭宣聖文行至滑州有乞舟行赴英州

狀云帶家屬數人前去汴泗之間乘舟泛江倍
道而行至南康軍出陸赴任未到任間再貶寧
遠軍節度副使惠州安置過虔州有記真君籤
說云八月二十一日過虔州與王巖翁同謁祥
符宫又有鬱孤臺游字韻詩與霍守李倅更和
數首又有初入贛作又有題天竺樂天石刻余
年劣時先君自虔州歸言天竺有樂天詩今四
十七年矣蓋先生年十二老蘇歸自江南至是
恰四十七年矣是年以十月三日到惠州寓居
嘉祐寺有初到惠州詩當月十二日與劣子過

同遊白水佛迹浴於湯池有古詩又按長短句
浣溪沙序云紹聖元年十月十三日與程鄉令
侁晉𫟵歸善簿譚汲游大雲寺野飲松下設松
黄湯作此闋余家近釀酒名曰萬家春時有虔
州鶴田處士王原子直不遠千里來訪先生留
七十日而去至十一月有戲贈朝雲詩朝雲先
生侍妾也又録三十九歲潤州道上過除夜兩
絶付過及有䟦朱表臣藏文忠公帖又有與吴
秀才書吴乃子野之子其書云過廣州買得檀
香數斤定居之後杜門燒香深念五十九年之

非矣是年九月過廣州訪道士何德順又有記仙帖又作雪浪石盆銘又就嘉祐寺所居立思無邪齋有贊乃紹聖元年十月二十日所作也

二年乙亥

先生年六十在惠州有惠州上元夜詩詩云去年中山府老病亦宵興今年江海上雲房寄山僧以歲月考之去年甲戌上元先生知定州今年乙亥寓嘉祐僧舍故有雲房寄山僧之句是年遷居于合江亭以先生別王子直語觀之紹聖三年十月三日始至惠州寓於嘉祐寺明年

遷於合江之行館得江樓豁徹之觀忘幽谷窈
窕之趣乃知乙亥歲遷居合江樓明矣仍有松
江亭上賦梅花詩三首及有先生行年六十化
之句三月四日同太守詹範𦡀之柯常林祚王
原賴仙芝同遊白水山又有與陳季常書云到
惠州將半年矣先生以去年十月三日到惠州
三月恰半年矣又有九月二十七日惠州星華
館思無邪齋書記外祖程公逸事又有朝斗記
讀管夠安傳書魯直跋遠景圖北齋校書圖後
又有為幼子過書金光明經後及付僧惠誠遊

吳中代書及祭妹德化縣君文有葬枯骨銘時
詹守議瘞暴骨先生詩有江干白骨已銜恩之
句
三年丙子
先生年六十一在惠州有和陶淵明移居詩云
余去歲三月自水東嘉祐寺遷去合江樓迨今
一年得歸善後隙地數畝父老云古白鶴觀也
意欣然居之營白鶴新居始於是矣詩中乃有
葺思無邪齋之句先生甲戌寓居嘉祐寺已有
思無邪齋賛矣乙亥還合江樓先有書程公逸

事于星華館思無邪齋今丙子欲營新居又曰
葺為無邪齋雖三年之間遷居不常意其思無
邪齋之名亦随寓而安矣當年惠州脩東西新
橋先生助以犀帶而子由亦以史夫人須入内
所賜金錢數千為助及橋成日先生有詩落之
乃有嘆我捐腰犀及有探囊賴故侯寶錢出金
閨之句又有曇秀道人来訪先生而先生題其
詩卷云予在廣陵曇秀作詩予和之後五年曇
秀来惠州見予且先生以壬申知揚州至是恰
五年矣時吴遠遊陸道士客扵先生歳暮以無

酒爲嘆先生和淵明和張常侍詩云我年六十一頽景薄西山是年又有丙子重九詩二首及書東皋子傳後祭寶月大師文七月朝雲卒先生有詩悼之及作墓誌又於惠州栖禪寺大聖塔葬處作亭覆之名之六如亭又除夜前兩日與吳遠遊有記食芋説按先生和淵明時運詩丁丑二月十四日白鶴峯新居成計其營新居之棟宇必在丙子秋冬之交有白鶴峰上梁文

四年丁丑

先生年六十二在惠州正月六日有題劉景文

詩後按先生和淵明時運詩云丁丑二月十四日白鶴峰新居成又按先生與林天和長官書云賤累閏月初可到又云承問賤累正月末已到贛上矣閏月上旬到此也又按先生丙子年與毛澤民書云長子授韶州仁化令中冬當挈家至此某已買得數畝地在白鶴峰上古白鶴觀基也已令斫木陶瓦作屋二十間以此考之先生長子自冬挈家至閏二月方到惠州按和時運詩序長子邁與予别三年矣般挈諸孫萬里遠来不能無欣然先生長子挈家必於丁丑

閏二月上旬到惠州明矣所謂二月十四日新居成必閏二月也三月先生作三馬圖及作陸道士墓誌五月先生責授瓊州別駕昌化軍安置按志林云余在惠州忽被命責儋耳太守方子容自攜告身来弔余曰此固前定吾妻沈事僧伽甚誠一夕夢和尚来辭云當與蘇子瞻同行後七十二日有命今適七十二日矣豈非前定乎遂寄家于惠州獨與幼子過渡海按子由作先生追和淵明詩序云東坡先生謫居儋耳寘家羅浮之下獨與幼子過負擔過海又至梧

州寄子由詩序云吾謫雷被命即行了不相知
至梧乃聞其尚在藤也旦夕當追及至五月間
果遇子由於藤州有藤州城下夜起望月寄邵
道士詩自藤出陸六月與子由相別按先生和
淵明移居詩序云丁丑歲余謫海南子由亦謫
雷州五月十一相遇於藤同行至雷六月十一
日相别渡海有雷州詩八首有行瓊州儋耳肩
輿坐睡中得句而遇清風急雨故作是詩有古
詩一首以七月十三日到儋州有儋州謝表按
先生夜夢詩序云七月十三日至儋州十餘日

矣按子由作先生墓誌云紹聖四年先生安置昌化初僦官屋以庇風雨有司猶謂不可則買地築室昌化士人畚土運甓以助之為屋三間又按先生與程全父推官書云初至僦官屋數椽近復遭迫逐不免買地結茆又按先生與程儒書云近與兒子結茆數椽居之勞費不貲矣賴十數學者助作躬泥水之役又云新居在軍城南極湫隘以意測之先生居在軍城南鄰於天慶觀以先生天慶觀乳泉賦考之吾索居儋耳卜築城南鄰於司命之宮先生又有桄榔庵

銘云東坡居士謫居儋耳無地可居偃息於桄榔林中摘葉書銘以記其處是歲又過海得子由書律詩一首

元符元年戊寅

先生年六十三在儋州有過子上元夜赴郡會守舍作違字韻詩及有讀晉書隱逸傳嶺南氣候說録温嶠問郭文語又於九月四日遊天慶觀有信道法智說是年吳子野來訪先生而先生以詩贈之其序云去歲與子野遊逍遥堂因往西山叩羅浮道院宿于西堂今歲索居儋耳

子野復来相見作詩贈之又有記筮卦云戊寅十月五日以久不得子由書憂不去心以周易筮之得渙六三又有記藷說云海南以藷為粮幾米之十六今歲藷菜不熟以客船方至市有米也乃戊寅十月二十一日書又有戊寅十一月一日記海漆說

二年己卯

先生年六十四在儋州有己卯正月十三日録盧仝杜子美詩遣懣是時久旱無雨陰翳未快至上元夜老書生數人相過曰良月佳夜先生

能一出乎先生欣然從之步城西入僧舍歷小巷民夷雜揉屠沽紛然歸舍已三鼓矣歸録其事為己卯夜書又有二月望日書蒼耳說又有儋州詩二首有萬户不禁酒三年夷識翁之句先生丁丑来儋至是將三年矣是歲閏九月有瓊州進士姜君弼唐佐自瓊州来儋耳從先生學又有作墨說及題程全父詩卷後及有辟穀說又有與姜唐佐簡云已取天慶觀乳泉潑建茶之精者念非君莫與共之又有十月十五日與姜君簡

二年庚辰

先生年六十五歲在儋州人日聞黄河復作詩二首至上元又和戊寅違字韻詩題後云戊寅上元余在儋耳過子夜出守舍作違字韻詩今庚辰上元已再期矣家在惠州白鶴峯下過子并婦從余来此又有五穀耗地説記唐村老人言及養黄中説姜君弼去年閏九月自瓊州来從先生學三月還瓊州有跋姜君弼課策及有書柳子厚飲酒讀書二説以贈姜君之行按子由欒城集有贈姜君詩序云子瞻甞贈姜君弼

兩句詩云滄海何曾斷地脉白袍端為破天荒
它日登科當為子吴之必是行以遺之也五月
大赦量移廉州安置且先生之在儋也食芋飲
水著書以為樂作書傳以推明上古之絶學又
且謙冲下士情及䟽賤日與諸黎遊無間也嘗
與軍使張中同訪黎子雲欲醵錢作屋名之曰
載酒堂矣又嘗上巳日尋諸生皆出獨與老符
秀才飲矣又嘗用過韻與諸生冬至飲酒有愁
顔解符老壽耳鬬吴公之句矣注云符吴皆坐
客必老符秀才與吴子野也又嘗以詩紀春夢

婆矣按趙德麟侯鯖録云東坡老人在昌化甞負大瓢行歌田畝間所歌者盖哨遍也饁婦年七十云内翰昔日富貴一場春夢坡然之里人呼此媪為春夢婆坡一日被酒獨行遍至子雲諸黎之舍作詩云符老風流可柰何朱顔減盡鬢絲多投梭每困東鄰女換扇惟逢春夢婆是日復見老符秀才言此春夢婆之實也凡此數事皆先生海外之逸事也雖三年居儋耳未知在甚年中今附于庚辰之歲庶以備觀閲云耳又有儋州與姜君弼書某已得合浦文字又有

與少游書自儋之瓊作峻靈王廟碑云元符三年有詔徙廉州向西而解六月過瓊州作惠通泉記遂渡海有過海詩又有烏喙詩序云余来儋耳得犬曰烏喙予遷合浦過澄邁泅而濟戲作是詩渡海到廉州謝表有許承恩而内徙之句在廉州有廉州龍眼質味殊絶可敵荔枝詩又有題少游學書乃云庚辰八月二十四日書于合浦清樂軒及記蘇佛兒語别廉守張左藏詩此皆在廉州所作之詩也又有瓶笙詩序云庚辰八月二十八日劉幾仲餞别東坡中觴聞

笙簫鼓又有與鄭靖老書云到廉廉守云公已行矣志林未成草得書傳十三卷某留此過中秋或至月末乃行作木栰下水歷容藤至梧與邁約般家至梧相會迨亦至惠矣是歲又有移永州之命按先生謝提舉成都府玉局觀表云先自昌化貶所移廉州又自廉州移舒州節度副使永州居住行至英州復朝奉郎提舉成都府玉局觀任便居住經由廣州有將至廣州用過字韻寄迨邁二子詩時朱行中舍人知廣州先生有簡與朱行中云欲服帽請見先令咨稟

廣州少留而行考先生題廣慶寺云東坡居士渡海北還吴子野何崇道頴堂通三長老黄明達李公弼林子中自番禺追餞至清遠峡同遊廣陵寺乃元符三年十一月十五日自此舟行清遠見顧秀才談惠州之美遂作詩過英州拜玉局之除有何公橋詩過韶州有次韻狄守李倅詩及作九成臺銘是年過嶺作詩二首寄子由有七年来往我何堪之語盖先生甲戌責惠州已而過海至是爲七年矣次年正月五日過南安軍討先生渡嶺必已歲除

徽宗皇帝建中靖國元年辛巳

先生年六十六度嶺北歸作南華長老題名記按題中載石鍾山記云建中靖國元年正月五日自南陵還過南安軍舊法掾吳君示舊所作石鍾山銘為題其末乃知先生首正過南安必矣又有過嶺至南安作一首正月到虔州有與錢濟明書云某已到虔州二月十間方離此又和舊所作欝孤臺詩有虔州士人孫志舉從先生游先生有和遲韻贈志舉先輩云我從海外歸喜及崆峒春又有和志舉見贈云洒掃古玉

局香火通帝闉又用前韻謝崔次之見過云自
我遷嶺外七見槐火春及發虔州過吉州永和
鎮清都觀有謝道士自言丙子生求詩為賦一
首及為作贊并寫清都臺三字中途又為南安
軍作學記寫海外所作天慶觀乳泉賦四月舟
行至豫章彭蠡之間遇成國程夫人忌日迺寫
圓通偈云行當施廬山有道者又有與胡仁脩
書云旦夕到儀真暫令邁一至常五月行至真
州瘴毒大作病暴下中止於常州按先生寄朱
行中詩有至今不貪寶凜然照塵寰之句先生

注云前一日夢中作此詩寄行中覺而記之自
不曉按近日曾端伯百家詩選至朱行中事迹
云東坡夢中寄朱行中一篇南遷絶筆也嗟乎
先生之文如萬斛泉源而乃止於夢中寄行中
之作此正絶筆獲麟之義惜哉六月上表請老
以本官致仕七月丁亥卒於常州實七月二十
八日也子由作先生墓誌云先生七月被病卒
於毗陵吴越之民相與哭於市其君子相與弔
於家訃聞於四方無賢愚皆咨嗟出涕太學之
士數百人相率飯僧惠林佛舍嗚呼先生文章

為百世之師而忠義尤為天下大閑加之好賢
樂善常若不及是宜訃聞之日士民惜哲人之
萎朝野嗟一鑑之逝皆出於自然之誠不可以
強而致也以次年閏六月塟於汝州郟城縣鈞
臺鄉上瑞里

右王宗稷編次

東坡先生年譜其援引多以大全集為據雖
若未盡善然稽攷
先生出處大略用心亦專矣故為刋之

東坡先生墓誌銘

潁濱先生撰

予兄子瞻謫居海南四年春正月　今天子即位推恩海内澤及鳥獸夏六月公被命渡海北歸明年舟至淮浙秋七月被病卒於毘陵吳越之民相與哭於市其君子相弔（與）於家訃聞四方無賢愚皆咨嗟出涕太學之士數百人相率飯僧惠林佛舍嗚呼斯文墜矣後生安所復仰公始病以書屬轍曰即死葬我嵩山下子為我銘轍執書哭曰小子忍銘吾兄公諱軾姓蘇氏字子瞻一字和仲世家眉山曾大父諱杲贈

太子太保妣宋氏追封昌國太夫人大父諱序贈太子太傅妣史氏追封嘉國太夫人考諱洵贈太子太師妣程氏追封成國太夫人公生十年而先君宦學四方太夫人親授以書聞古今成敗輒能語其要太夫人嘗讀東漢史至范滂傳慨然太息公侍側曰軾若為滂夫人亦許之否乎太夫人曰汝能為滂吾顧不能為滂母耶公亦奮厲有當世志太夫人喜曰吾有子矣比冠學通經史屬文日數千言嘉祐二年歐陽文忠公考試禮部進士疾時文之詭異思有以救之梅聖俞時與其事得公論刑賞以示文忠文忠驚

喜以為異人欲以冠多士疑曾子固所為子固文忠門下士也乃寘公第二復以春秋對義居第一殿試中乙科以書謝諸公文忠見之以書語聖俞曰老夫當避此人放出一頭地士聞者始譁不厭久乃信伏丁太夫人憂終喪五年授河南福昌主簿文忠以直言薦之祕閣試六論舊不起草以故文多不工公始具草文義粲然時以為難比荅制策蕩入三等除大理評事簽書鳳翔判官長吏意公文人不以吏事責之公盡心其職老吏畏伏關中自元昊叛命人貧役重岐下歲以南山木栰自渭入河經砥柱之險衙前

以破産者相繼也公徧問老校曰木栰之害本不至
此若河渭未漲操栰者以時進止可無重費也患其
乘河渭之暴多方害之耳公即脩衙規使衙前得自
擇水工栰行無虞乃言於府使得係籍自是衙前之
害減半治平二年罷還判登聞鼓院　英宗在藩聞
公名欲以唐故事召入翰林宰相限以近例欲召試
祕閣　上曰未知其能否故試如蘇軾有不能耶宰
相猶不可及試二論皆入三等得直史館丁　先君
憂服除時熙寧二年也王介甫用事多所建立公與
介甫議論素異既還朝寘之官告院四年介甫欲變

更科舉上疑焉使兩制三館議之公議上上悟曰吾
固疑此得蘇軾議意釋然矣即日召且問何以助朕
公辭避久之乃曰臣竊意　陛下求治太急聽言太
廣進人太銳願陛下安靜以待物之來然後應之上
竦然聽受曰卿三言朕當詳思之介甫之黨皆不悅
命攝開封推官意以多事困之公決斷精敏聲聞益
遠會上元有旨市浙燈公密疏舊例無有不宜以玩
好示人即有旨罷殿前初策進士舉子希合爭言
祖宗法制非是公為考官退擬荅以進深中其病自
是論事愈力介甫愈恨御史知雜事者為誣奏公過

失窮治無所得公未嘗以一言自辯乞外任避之通判杭州是時四方行青苗免役市易浙西兼行水利鹽法公於其間常因法以便民民賴以少安高麗入貢使者淩蔑州郡押伴使臣皆本路筦庫乘勢驕横至與鈐轄亢禮公使人謂之曰遠夷慕化而來理必恭順今乃尒暴恣非汝導之不至是也不悛當奏之押伴者懼為之小戢使者發幣於官吏書稱甲子公却之曰高麗於　本朝稱臣而不禀正朔吾安敢受使者亟易書稱熙寧然後受之時以為得體吏民畏愛及罷去猶謂之學士而不言姓自杭徙知密州時

方行手實法使民自疏財產以定戶等又使人得告其不實司農寺又下諸路不時施行者以違制論公謂提舉常平官曰違制之坐若自 朝廷誰敢不從今出於司農是擅造律也若何使者驚曰公姑徐之未幾朝廷亦知手實之害罷之密人私以為幸郡嘗有盜竊發而未獲安撫轉運司憂之遣一三班使臣領悍卒數十人入境捕之卒凶暴恣行以禁物誣民入其家爭鬭至殺人畏罪驚散欲為亂民訴之公投其書不視曰必不至此潰卒聞之少安徐使人招出戮之自密徙徐是歲河決曹村泛于梁山泊溢于南

清河城南兩山環繞吕梁百步扼之匯于城下漲不時溲城將敗富民爭出避水公曰富民若出民心動揺吾誰與守吾在是水決不能敗城驅使復入公履屨杖策親入武衛營呼其卒長謂之曰河將害城事急矣雖禁軍宜為我盡力卒長呼曰太守猶不避塗潦吾儕小人效命之秋也執挺入火伍中率其徒短衣徒跣持畚鍤以出築東南長堤首起戲馬臺尾屬於城堤成水至堤下害不及城民心乃安然雨日夜不止河勢益暴城不沉者三板公廬於城上過家不入使官吏分堵而守卒完城以聞復請調來歲夫增

築故城為木岸以虞水之再至朝廷從之訖事　詔
褒之徐人至今思焉徙知湖州以表謝上言事者擿
其語以為謗遣官逮赴御史獄初公既補外見事有
不便於民者不敢言亦不敢默視也緣詩人之義託
事以諷庶幾有補於國言者從而媒孽之上初薄其
過而浸潤不止至是不得已從其請既付獄吏必欲
寘之死鍛鍊久之不決　上終憐之促具獄以黃州
團練副使安置公幅巾芒屩與田父野老相從溪谷
之間築室於東坡自號東坡居士三年　上有意復
用而言者沮之　上手札徙汝州略曰蘇軾黜居思

咎闕歲滋深人材實難不忍終弃未至上書自言有
飢寒之憂有田在常頤得居之書朝入夕報可士大
夫知上之卒喜公也會晏駕不果復用至常以　哲
宗即位復朝奉郎知登州至登名爲禮部郎中公舊
善門下侍郎司馬君實及知樞密院章子厚二人氷
炭不相入子厚每以詼侮困君實君實苦之求助於
公公見子厚曰司馬君實時望甚重昔許靖以虛名
無實見鄙於蜀先主法正曰靖之浮譽播流四海若
不加禮必以賤賢爲累先主納之乃以靖爲司徒許
靖且不可慢況君實乎子厚以爲然君實賴以少安

既而 朝廷緣 先帝意欲用公除起居舍人公起於憂患不欲驟履要地力辭之見宰相蔡持正自言持正曰公徊翔久矣朝中無出公右者公固辭持正曰今日誰當在公前者公曰昔林希同在館中年且長持正曰希固當先公耶卒不許然希亦由此繼補記注元祐元年公以七品服入侍延和即改賜銀緋二月遷中書舍人時君實方議改免役為差役差役行於 祖宗之世法久多弊編户充役不習官府吏虐使之多以破產而狹鄉之民或有不得休息者 先帝知其然故為免役使民以戶高下出錢而無執役

之苦行法者不揭上意於雇役實費之外取錢過多
民遂以病若量出為入毋多取於民則足矣君實為
人忠信有餘而才智不足知免役之害而不知其利
欲一切以差役代之方差官置局公亦與其選獨以
實告而君實始不悅矣嘗見之政事堂條陳不可君
實忿然公曰昔韓魏公刺陝西義勇公為諫官爭之
甚力魏公不樂公亦不顧軾昔聞公道其詳豈今日
作相不許軾盡言耶君實笑而止公知言不用乞補
外不許君實始怒有逐公意矣會其病卒乃已時臺
諫官多君實之人皆希合以求進惡公以直形已爭

求公瑕疵既不可得則因緣熙寧謗訕之說以病公公自是不安於朝矣尋除翰林學士二年復除侍讀每進讀至治亂盛衰邪正得失之際未嘗不反覆開導覬上有所覺悟　上雖恭默不言聞公所論說輒肯首喜之三年權知禮部貢舉會大雪苦寒士坐庭中噤不能言公寬其禁約使得盡其技而巡鋪內臣伺其坐起過為淩辱公以其傷動士心虧損國體奏之有旨送內侍省撻而逐之士皆悅服嘗侍　上讀祖宗寶訓因及時事公歷言今賞罰不明善惡無所勸沮又黃河勢方西流而強之使東夏人寇鎮戎殺

掠幾萬人帥臣擠蔽不以聞朝廷亦不問事每如此恐寖成衰亂之漸當軸者恨之公知不見容乞外任四年以龍圖閣學士知杭州時諫官言前宰相蔡持正知安州作詩借郝處後事以譏刺時事大臣議逐之嶺南公密疏言朝廷若薄確之罪則於　皇帝孝治為不足若深罪確則於　太皇太后仁政為小累謂宜　皇帝降勑置獄逮治而　太皇太后內出手詔赦之則仁孝兩得矣　宣仁后心善公言而不能用公出郊未發遣內侍賜龍茶銀合用前執政恩例所以慰勞甚厚及至杭吏民習公舊政不勞而治歲

遣大旱飢疫並作公請於朝免本路上供米三之一故米不翔貴復得賜度僧牒百易米以救飢者明年方春即減價糶常平米民遂免大旱之苦公又多作饘粥藥劑遣吏挾醫分坊治病活者甚衆公曰杭水陸之會因疫病死比他處常多乃裒羨緡得二千復發私橐得黃金五十兩以作病坊稍畜錢粮以待之至于今不廢是秋復大雨太湖汎溢害稼公度來歲必飢復請于　朝乞免上供米半又多乞度牒以糴常平米并義倉所有皆以備來歲出糶　朝廷多從之由是吳越之民復免流散杭本江海之地水泉鹹

苦居民稀少唐刺史李泌始引西湖水作六井民足於水故井邑日富及白居易復浚西湖放水入運河自河入田所溉至千頃然湖水多葑自唐及錢氏歲輒開治故湖水足用近歲廢而不理至是湖中葑田積二十五萬餘丈而水無幾矣運河失湖水之利則取給於江潮潮渾濁多淤河行闤闠中三年一淘為市井大患而六井亦幾廢公始至浚茅山鹽橋二河以茅山一河專受江潮以鹽橋一河專受湖水復造堰閘以為湖水畜洩之限然後潮不入市且以餘力復完六井民稍獲其利矣公間至湖上周視良久曰

今欲去葑田葑田如雲將安所寘之湖南北三十里環湖往來終日不達若取葑田積之湖中為長堤以通南北則葑田去而行者便矣吳人種菱春輒芟除不遺寸草葑田若去募人種菱取其利以備脩湖則湖當不復堙塞乃取救荒之餘得錢粮以貫石數者萬復請於　朝得百僧度牒以募役者堤成植芙蓉楊柳其上望之如圖畫杭人名之蘇公堤杭僧有淨源者舊居海濱與舶客交通牟利舶至高麗交譽之元豐末其王子義天來朝因往拜焉至是源死其徒竊持其畫像附舶往告義天亦使其徒附舶來祭祭

訖乃言國母使以金塔二祝　皇帝太皇太后壽公
不納而奏之曰高麗久不入貢失賜予厚利意欲來
朝矣未測　朝廷所以待之薄厚故因祭亡僧而行
祝壽之禮禮意尠薄蓋可見矣若受而不荅則遠夷
或以怨怒因而厚賜之正墮其計臣謂　朝廷宜勿
與知而使州郡以理却之然庸僧猾商敢擅招誘外
夷邀求厚利為國生事其漸不可長宜痛加懲創
朝廷皆從之未幾高麗貢使果至公按舊例使之所
至吳越七州實費二萬四千餘緡而民間之費不在
乃令諸郡量事裁損比至民獲交易之利而無侵撓

之害浙江潮自海門東來勢如雷霆而浮山峙於江
中與漁浦諸山犬牙相錯洄洑激射歲敗公私船不
可勝計公議自浙江上流地名石門並山而東鑿為
運河引浙江及谿谷諸水二十餘里以達于江又並
山為岸不能十里以達于龍山之大慈浦自浦北折
抵小嶺鑿嶺六十五丈以達于嶺東古河浚古河數
里以達于龍山運河以避浮山之嶮人皆以為便奏
聞有惡公成功者會公罷歸使代者盡力排之功以
不成公復言三吴之水瀦為太湖太湖之水溢為松
江以入海海日兩潮潮濁而江清潮水常欲淤塞江

路而江水清駛隨輒滌去海口常通則吳中少水患昔蘇州以東公私船皆以篙行無陸挽者自慶曆以來松江大築挽路建長橋以扼塞江路故今二吳多水欲鑿挽路為千橋以迅江勢亦不果用人皆恨之公二十年間再莅此州有德於其人家有畫像飲食必祝又作生祠以報六年名入為翰林承旨復侍邇英當軸者不樂風御史攻公公之自汝移常也授命於宋會　神考晏駕哭於宋而南至揚州常人為公買田書至公喜作詩有聞好語之句言者妄謂公聞諱而喜乞加深譴然詩刻石有時日　朝廷知言者

之妄皆逐之公懼請外補乃以龍圖閣學士守潁先是開封諸縣多水患吏不究本末決其陂澤注之惠民河河不能勝則陳亦多水至是又將鑿鄧艾溝與潁河並且鑿黃堆注之於淮議者多欲從之公適至遣吏以水平準之淮之漲水高於新溝幾一丈若鑿黃堆淮水顧流浸州境決不可為朝廷從之郡有宿賊尹遇等數人群黨驚劫殺變王及捕盜吏兵者非一朝廷以名捕不獲被殺者噤不敢言公名汝陰尉李直方謂之曰君能擒此當力言於　朝乞行優賞不獲亦以不職奏免君矣直方退緝知群盜所在分

命弓手往捕其黨而躬往捕遇直方有母年九十母子泣別而行手戟刺而獲之然小不應格推賞不及公為言於 朝請以年勞改朝散郎階為直方賞朝廷不從其後吏部以公當遷以符會公考公自謂已許直方卒不報七年徙揚州發運司舊主東南漕法聽操舟者私載物貨征商不得留難故操舟者富厚以官舟為家補其弊漏而周船夫之乏困故其所載率無虞而速達近歲不忍征商之小失一切不許故舟弊人困多盜所載以濟飢寒公私皆病公奏乞復故 朝廷從之未閱歲以兵部尚書名還兼侍讀是

歲親祀南郊為鹵簿使導駕入　太廟有貴戚以其
車從爭道不避仗衛公於車中劾奏之明日中使傳
命申勑有司嚴整仗衛尋遷禮部復兼端明殿翰林
侍讀二學士高麗遣使請書於　朝朝廷以故事盡
許之公曰漢東平王請諸子及太史公書猶不肯予
今高麗所請有甚於此其可予乎不聽公臨事必以
正不能俯仰隨俗乞守郡自效八年以二學士知定
州定久不治軍政尤弛武衛卒驕惰不教軍校蠹食
其廩賜故不敢何問公取其貪汙甚者配隸遠惡然
後繕脩營房禁止飲博軍中衣食稍足乃部勒以戰

法衆皆畏伏然諸校多不自安者有卒史復以贓訴
其長公曰此事吾自治則可汝若得告軍中亂矣亦
決配之衆乃定會春大閲軍禮久廢將吏不識上下
之分公命舉舊典元帥常服坐帳中將吏戎服奔走
執事副總管王光祖自謂老將耻之稱疾不出公名
書吏作奏將上光祖震恐而出訖事無敢慢者定人
言自韓魏公去不見此禮至今矣北戎久和邊兵不
試臨事有不可用之憂惟沿邊弓箭社兵與寇為鄰
以戰射自衛猶號精鋭故相龐公守邊因其故俗立
隊伍將校出入賞罰緩急可使歲久法弛復為保甲

所撓漸不為用公奏為免保甲及兩稅折變科配長吏以時訓勞不報議者惜之時方倒廢舊人公坐為中書舍人日草責降官制直書其罪誣以謗訕紹聖元年遂以本官知英州尋復降一官未至復以寧遠軍節度副使安置惠州公以侍從齒嶺南編戶獨以少子過自隨瘴癘所侵蠻蜑所侮胸中泊然無所蔕芥人無賢愚皆得其驩心疾苦者畀之藥殞斃者納之竁又率衆為二橋以濟病涉者惠人愛敬之居三年大臣以流竄者為未足也四年復以瓊州別駕安置昌化昌化非人所居食飲不具藥石無有初僦官

屋以庇風雨有司猶謂不可則買地築室昌化士人
畚土運甓以助之為屋三間人不堪其憂公食芋飲
水著書以為樂時從其父老遊亦無間也元符三年
大赦北還初徙廉再徙永已乃復朝奉郎提舉成都
玉局觀居從其便公自元祐以來未嘗以歲課乞遷
故官止於此勳上輕車都尉封武功縣開國伯食邑
九百戶將居許病暑暴下中止於常建中靖國元年
六月請老以本官致仕遂以不起未終旬日獨以諸
子侍側曰吾生無惡死必不墜慎無哭泣以怛化問
以後事不荅湛然而逝實七月丁亥也公娶王氏追

封通義郡君繼室以其女弟封同安郡君亦先公而
卒子三人長曰邁雄州防禦推官知河間縣事次曰
迨次曰過皆承務郎孫男六人簞符箕籥筌籌明年
閏六月癸酉葬於汝州郟城縣釣臺鄉上瑞里公之
於文得之於天少與轍皆師　先君初好賈誼陸贄
書論古今治亂不為空言既而讀莊子喟然歎息曰
吾昔有見於中口未能言今見莊子得吾心矣乃出
中庸論其言微妙皆古人所未喻嘗謂轍曰吾視今
世學者獨子可與我上下耳既而謫居於黃杜門深
居馳騁翰墨其文一變如川之方至而轍瞠然不能

及矣　先君晚歲讀易玩其爻象得其剛柔遠近喜
怒逆順之情以觀其詞皆迎刃而解作易傳未完疾
革命公述其志公泣受命卒以成書然後千載之微
言煥然可知也復作論語說時發孔氏之祕最後居
海南作書傳推明上古之絕學多先儒所未達既成
三書撫之歎曰今世要未能信後有君子當知我矣
至其遇事所為詩騷銘記書檄論譔率皆過人有東
坡集四十卷後集二十卷奏議十五卷內制十卷外
制三卷公詩本似李杜晚喜陶淵明追和之者幾遍
凡四卷幼而好書老而不勌自言不及晉人至唐褚

薛顏柳髣髴近之平生篤於孝友輕財好施伯父太
白早亡子孫未立杜氏姑卒未葬　先君沒有遺言
公既除喪即以禮葬姑及官可蔭補復以奏伯父之
曾孫彭其於人見善稱之如恐不及見不善斥之如
恐不盡見義勇於敢為而不顧其害用此數困於世
然終不以為恨孔子謂伯夷対齊古之賢人曰求仁
而得仁又何怨公實有焉銘曰
蘇自欒城西宅于眉世有潛德而人莫知猗歟　先
君名施四方公幼師焉其學以光出而從　君道直
言忠行險如夷不謀其躬　英祖擢之　神考試之

亦既知矣而未克施晚侍　哲皇進以詩書誰實間
之一年而踈公心如玉焚而不灰不變生死孰爲去
來古有微言衆說所蒙手發其樞恃此以終心之所
涵遇物則見聲融金石光溢雲漢耳目同是舉世畢
知欲造其淵或眩以疑絶學不繼如已斷絃百世之
後豈其無賢我初從公賴以有知撫我則兄誨我則
師皆遷于南而不同歸天實爲之莫知我哀

東坡先生墓誌銘